JN183292

「追い込む」指導

主体的な子どもを育てる方法

Hiroshi Kusuki
楠木 宏

東洋館出版社

はじめに

管理職という立場になってから、いろいろなクラスで授業をする機会が増えました。担任が出張したり、病気などで年休を取ったりして自習になると、子どもたちの見守り役を頼まれることがあるからです。

その時は「プリントの用意はしなくていいよ」と担任に言っています。教室で、子どもたちがプリントに取り組むのをただ見るだけの役割ほど、つまらないものはありません。先生方には「なるべく授業をさせてほしい」と頼んでいます。「指導書の続きのところに、付箋でも貼っておいてくれればいいから」と言っておくのです。

多くのクラスで授業をしていると、共通して気になることがあります。それは、「学習への取りかかりの遅さ」です。

チャイムが鳴り、教室に入ってまず気付くのは、学習準備ができていない子どもの多さ。教科書、ノートが机の上に出ていない子もいます。慌てて出す子はまだマシな方で、ただ机に座って、教師の指示を待っている子もいます。

「算数の時間だよ。教科書を出しましょう」と言われて、やっと揃うような状態です。私のクラスならそんなことはありえません（拙著『指示は1回』参照）。

そして、授業の始めに課題を出します。ここで気になるのも、取りかかりの遅さです。すぐに鉛筆を持つ子もいますが、ゆっくりと筆箱を開ける子、何もせずにこちらを見ている子もいます。全員が一斉にさっと問題に取りかかるわけではありません。

このような状況では効率が悪く、学習効果はなかなか上がりません。昔のようにのんびりしていた時代ならともかく、多忙化の極みと言われている今の学校です。多忙化の波は教職員のみならず、子どもたちにも押し寄せてきています。学校生活で一番大切な授業時間ですら、今は限られているのです。その中で、効率良く授業を進め、学習効果を上げることが求められていると言えます。

本書では、子どもたちが素早く物事に取りかかり、集中して行うようになるための指導のコツをお伝えしたいと思います。それは、「**子どもを追い込む、子どもを逃がさない**」方法です。「追い込む」と言っても、叱ったり怒ったりして子どもを追い詰めるのではなく、油断せず集中力を保つように仕向けていくということです。このコツをつかめば、子どもたちの学習効果はぐんと上がります。まずは試してみてください。

「追い込む」指導 ―主体的な子どもを育てる方法―

はじめに ………… 001

CHAPTER 1
「追い込む」指導とは？

1 個別指導？ 全体指導？ ………… 012
2 子どもが気を抜けない状況をつくる ………… 019
コラム1 楽しい授業とは？〈前編〉 ………… 022

CHAPTER 2
学習指導で「追い込む」

1 板書で集中力を高める ………… 028

(1) 板書のスピード
(2) 書くのが遅い子　速い子
(3) わざと板書を書き間違える

2 見える化で自分の状態を把握させる …… 035
(1) できたら立つ
(2) 名前カードの活用
(3) 動作化する

3 適切な時間設定で緊張感をもたせる …… 042

4 的確な言葉かけで意識を高める …… 045
(1) 的確な指示
(2) 指示は曲げない
(3) 自分の位置を知らせる

5 漢字の指導でやる気にさせる …… 051
(1) 全員一斉に
(2) 一列ずつで
(3) 抜き打ち書き順テスト

(4) 漢字リレー
6 お絵かきで理解を深める 057
7 間違い直しで逃がさない 060
(1) 付箋の活用
(2) 名前カードの活用
8 満点以上で向上心をもたせる 062
(1) 漢字のテスト
(2) 体育のテスト
(3) 本読みカード
9 暗記で情報量を増やす 068
コラム2 楽しい授業とは？〈後編〉 074

CHAPTER 3

生活指導で「追い込む」

1 的確な指示で解釈を委ねない 080

(1) 集団での作業
(2) 遠足のゴミ拾い
(3) 掃除場所のゴミ箱

2 責任の所在をはっきりさせて子どもを動かす …… 089
(1) 個人の責任
(2) みんなの責任は無責任
(3) グループで責任を分け合う

3 「大坂の陣」でもめごとを解決する …… 101

4 褒めて褒めて主体性を引き出す …… 107

コラム3 伊勢市立東大淀小学校の思い出 …… 111

「追い込む」時に気を付けること

1 いつも同じことをしない …… 116
(1) 画材の変化

(2) 背の順
(3) 一日のめあて
2 「分かりましたか？」で済ませない …… 123
3 話しすぎない …… 135
4 理想ばかりを追い求めない …… 136
5 教師にも宿題が出る …… 140
6 子どものせいにしない …… 147
7 名人の授業にだまされない …… 150
8 時々、子どもに負ける …… 154
(1) 宿題プリント忘れ
(2) ない！
コラム4 楽しい授業に助けられる …… 162
おわりに …… 165

CHAPTER 1

「追い込む」指導とは？

子どもたちは実に個性豊かです。私たち教師は、一人一人の個性を尊重し育てていかなければなりません。子どもたち一人一人の能力や進度に合わせて学習指導ができれば言うことはありません。教師なら誰もがそう思うでしょう。

しかし、私たちは、1クラス30人から40人の子どもたちを指導しなければなりません。しかも、授業時間は小学校で45分間、中学校では50分間を標準とするよう、学校教育法で定められています。その中で学習効果を上げなければならないのです。

教師が指示を出したら、子どもたち全員がさっと学習に取りかかり、集中して行い、ほぼ全員が同じ時間に終わるというのは理想です。実際には無理なことだと分かっています。しかし、もしその状態に近付けることができれば、学習効果は上がり、学習内容も深まり、成績の向上も見込めることは間違いありません。

授業中の子どもたちの様子を見ていると、取りかかりが遅かったり、学習以外のことをしたり、考えたりしていて、無駄な時間が多いことに気が付きます。これでは、授業を効率良く進めることはできません。

子どもたちがのんびりとしているのは、教師の指導が甘いとも言えます。教師の指導が厳しければ、子どもたちは常に緊張して、学習にもさっと取り組むはずです。

しかし、厳しいだけの指導では、緊張はそう続きません。私の言う「追い込む」指導とは、絶えず叱ったり、怒ったり、きつい言葉で指示したりすることではありません。**子どもが「しなければならない」「気を抜く暇がない」と感じ、授業が面白くて思わず集中してしまう、そのような状態に仕向けていく**指導のことなのです。

まず初めに、私がこのような指導を真剣に考え始めるきっかけとなった２つの実践を紹介します。

1 個別指導？ 全体指導？

1つ目は、「社会科の初志をつらぬく会」の合宿でうかがった有田和正先生の講演の中にありました（昭和61年8月第29回全国集会にて）。先生はグラフの指導について、次のようにおっしゃったのです。

――みなさんは、教科書に出てくるグラフの指導をどのようにされていますか。例えば、1つ折れ線グラフがあった時、『一番多いのは何年でいくつですか？』とか『このグラフから、気付いたことを言いましょう』などの質問を、1人か2人にして終わりでしょう。それではグラフを見る力は育ちません。グラフを見る力は訓練によって身に付くのです。私はグラフが出てくると、次のことを子どもたちに矢継ぎ早に聞いていきます。

1．題（表題）は何ですか？

2. どこが出した（発行した）グラフですか？
3. 何年に出されたグラフですか？
4. 縦軸は何を表していますか？
5. 横軸は何を表していますか？
6. 縦軸の1目盛りはいくつですか？
7. 横軸の1目盛りはいくつですか？
8. 最小値はどこでいくつですか？
9. 最大値はどこでいくつですか？
10. 最大変化があるところはどこですか？
11. グラフを見て気付いたことを言いましょう。（3人くらいに聞きます）

子どもたちを次々と指名して、答えさせていくのです。もちろん、初めから速くはできません。まずは言葉を説明して、グラフの見方をゆっくりと教えながら進めていきます。慣れてくるにつれてスピードを上げていき、しまいには矢継ぎ早に質問していきます。グラフが3つもあれば、1クラス全員回ります。これをグラフが出てくるたびにしつこく行うのです。――

私も授業で実践してみました。確かに初めは時間がかかります。しかし慣れてくると、子どもたちは次々と答えていきます。グラフ1つに質問を11個しても、それほど時間がかからないことも分かりました。「1．題は何ですか？」に当たった子どもはうれしそうに「やったあ」と言います。そうです。題はすぐに見つけられます。ところが「6．縦軸の1目盛りはいくつですか？」は大変難しいです。時々手助けが必要でしょう。

特に5年の社会では、グラフがたくさん登場します。グラフが出てくるたびに、子どもたちは必死に答えを探します。ついには、グラフを目にした瞬間、「わっ！　グラフだ！」という声が上がるようになりました。しかし、私は「そんなことを言っている暇はありませんよ。はい、題は何ですか？」と、冷静に進めていきます。

質問が始まると、子どもたちは真剣にグラフを見て、友達の答えを聞いています。しっかり聞いていないと、グラフの見方を覚えられないし、何より自分にどの質問が当たるか分からなくなるからです。答えるのは1つの質問につき1人ですが、あっという間に全員に順番が回るので、一瞬も気が抜けません。教室は水を打ったように静かになり、全員が授業に集中するようになりました。

2つ目は、教育技術の法則化運動（現TOSS）を始められた向山洋一先生の実践です。これは、学年単位などの多人数に対して、全体指導する時の方法です。

向山先生は、卒業式の呼びかけなどの全体指導の時に、子どもたちが100人いても必ず一人一人をチェックしています。

まず、子どもたちに、自分が言うセリフの番号を必ず覚えさせます。そして、1回目の

呼びかけ練習が終わると、

「5番、16番、23番、…98番立ちましょう。君たちは声が小さいです。その場で自分のセリフをもっと大きな声で言いなさい」

と、その場で言い直させます。続けて、

「2番、28番、39番、…95番立ちましょう。君たちの言い方は速いです。その場で自分のセリフをもっとゆっくりと言いなさい」

「3番、20番、…80番立ちましょう。君たちは合格です」

というように一人一人に評価を与えるのです。すると、2回目の呼びかけは格段に良くなるそうです。

(以上は概略。詳しくは、学芸みらい教育新書『新版　子どもを動かす法則』参照)

これも、私にとっては驚きの指導方法でした。それまで私は、「では、練習を始めます」と言って呼びかけを始め、一通り全員が言い終わると、「まだまだ声が小さいです。もう一度初めからやりましょう」とか、「かなり良くなりましたが、まだまだセリフがはっきりしません。もう一度初めからやります」というような指導をしていました。きちんと声を出している子どもにも、声が出ていない子どもにも同じ指導をしていたのです。

私は、この方法も追試しました。全体指導の時には、セリフが書かれた紙を持ち、番号の上に印（チ：小さい、ハ：速い、モ：モゴモゴとした言い方など）を付け、向山先生同様に一人一人を評価していきました。全体指導とは言え、必ず自分も評価されていると思うと、子どもたちは緊張します。少ない回数で効果的に練習を終えることができました。

以上の2つの指導方法には、共通点があります。それは、**個別指導でありながら全体指導であり、全体指導でありながら個別指導でもある**ということです。

有田先生の指導は、グラフの読み方を1人ずつ指名していく個別指導ですが、残りの子どもたちはいつ当たるか、どれが当たるかと集中して聞いています。全員の注意が向いている、すぐに全員が当てられるという意味で、全体指導にもなっていると言えます。

向山先生の指導は、大勢の子どもたちに向けた全体指導ですが、一人一人をきちんと評価しています。どの子どもも気が抜けないという意味で、個別指導にもなっています。

つまり、全体指導であれ、個別指導であれ、子どもたち全員が気を抜くことができないのです。

2 子どもが気を抜けない状況をつくる

それまでの私は、全体指導の時は集団に向けて指示するだけだったので、一人一人の子どもは気を抜いていました。また、個別指導の時は当てられた子だけが緊張し、他の子どもたちは気を抜いていました。先ほどの両先生の指導方法を知った時、私は目から鱗が落ちるほどの衝撃を受けたのです。授業中に、子どもが気を抜けないような指導を行えば、学習効果が上がるのは目に見えています。それ以降、私は様々な方法を試してきました。

例えば、「本読み」で考えてみましょう。

①一斉読み

教師が前に立ち、一文読んでは、子どもたちが同じ文を繰り返します。これは教室でよく見る光景です。一度に大勢の子どもたちを指導できるメリットがある一方、デメリットもあります。子どもが口パクだけで本当は声を出していなかったり、きちんと読んでいなかったりしても、教師にはなかなか見抜けないという点です。

②一文読み

それに対して、子どもたち1人ずつ順番に読んでいく方法があります。よく使うのが、一文読みです。文の最後の「。」で次の人に交代する方法です。教師にとっては、きちんと声を出して読んでいるか、新出漢字が読めているかを確実に判断できるというメリットがあります。しかし、自分の順番が回ってくるまでに時間があるので、子どもたちはつい気を抜いてしまいます。しかも、全体の授業時間の中で子ども一人一人が読む時間は大変少なく、授業効率としては良くないというデメリットがあります。

一斉指導のように一度に大勢の子どもたちを指導しつつ、個別指導のように一人一人が気を抜かずにできれば、言うことはありません。

では、子どもたちを本読みに集中させるためには、どのような指導方法があるでしょうか。

③一列読み

子どもたちが座っている列ごとに読ませます。読むのは一回に5、6人なので、教師の目が行き届き、きちんと読んでいるか、ごまかしているか判断がしやすいです。また、読む順番が回ってくるのも早いので、子どもたちも気を抜けません。読む時に起立させると目立つので、より効果的です。

④対面読み

子どもたちが2人1組になり、向かい合いながら、一文ずつを交代に読みます。教師は机間指導して様子を見ます。これだと、読んでいる時は相手の子どもが聞いているので、手を抜くことができません。また、相手の読みを聞いていないと、次に自分が読むところが分からないので、きちんと聞かなければなりません。1人当たりが本読みにかける時間も長くとれます。

この他にも、読む順番を男女で交代する、教師と子どもたちが一文一文交互に読んでいくなど、いろいろな方法があります。私は、その時の子どもたちの状態に合わせて、このような方法を交ぜながら指導していました。もちろん全ての学習において、全体指導と個別指導のメリットを兼ね備える方法があるわけではありませんが、なるべく近い方法をいつも考えてきました。

では、子どもが気を抜けない状況をつくる「追い込む」指導の方法を、次章以降で具体的に紹介していきましょう。

COLUMN 1

楽しい授業とは？〈前編〉

教師ならば、「楽しい授業」を目指したいものです。では、そもそも「楽しい授業」とは何でしょうか。レベル1から3に分けて考えてみましょう。

レベル1

一口に楽しい授業と言っても多種多様です。まず、教師がダジャレやクイズ、なぞなぞを言ったりして、子どもたちが一瞬わっと湧き、「面白い」と思う授業が挙げられます。一番簡単なのでレベル1とします。ただし、クイズやなぞなぞも授業に関係なければなりません。そうでないと話が次々と広がり、それに乗ってくる子どももいて、収拾がつかなくなるのが欠点です。でも、私の一番多いネタかもしれません。

レベル2

次に、楽しい教材の授業があります。楽しいけれどよく分かったり、予想と違い「えっ！」と思ったり、知的好奇心が揺さぶられて「へ〜」と思ったりする授業です。ここでは教師が演者となり、お客さまである子どもたちをいかに楽しませるかに力が注がれます。大手予備校の有名講師が、これに当てはまるのではないでしょうか。

先日、3年生のクラスで、私が国語の授業をすることになりました。主語と述語の学習です。事前準備として、A4の紙を4つに裁断して、小さいメモ用紙をたくさん用意しておきます。

当日、教科書に沿って一通り学習を終えた後、15分ほど授業時間が残っていました。

「さあ、今から主語と述語の復習をします」

そう言って用意しておいたメモ用紙を配ると、子どもたちは、小テストでもあるのかと身構えました。

「最初のメモには『主語』を書きましょう」

主語と述語の学習で、一番分かりやすいのが「何がどうする」です。今回は、「誰がどうする（どうした）」にしました。「誰が」は、誰でもいいけれど、友達の名前はダメだと伝えます。悪ふざけにつながる場合があるからです。

少し待ってから、メモを集めます。

「次のメモには『述語』を書きましょう」

分かりやすいように、今回は「どうする（どうした）」に当てはまる動詞に限定することにします。「する」も動詞ですが、「する」だけだと意味が分からないので、「野球をした」なども許可します。このメモも同じように回収します。

「これだけでは分かりにくいので『場所』も書きましょう」

最後に、「教室で」「学校で」「宇宙で」などの場所を書かせます。場合によっては「修飾語」という言葉を教えてもよいでしょう。このメモも回収します。

さあ、教卓の上には、主語を書いたメモ、場所（修飾語）を書いたメモ、述語を書いたメモが集まりました。この3つのメモの集まりを裏返して、上から1つずつ取り、順番に読んでいきます。ばらばらに書いたメモを組み合わせるのですから、当然、支離滅裂な文になります。例えば、こんな文です。

「アンパンマンは　宇宙で　泳いだ」

子どもたちは、どっと笑います。「そんなのありえん」とか「宇宙だと息できないから、死んじゃうよ」などと好き放題言ってきます。

無茶苦茶な文ができて当然なのですが、偶然にぴったり合って、筋の通った文ができることがあります。例えば、こんな文です。

「妖怪ウォッチが　運動場で　遊んだ」

子どもたちからは、「おお！」とか「ぴったりだ」という声が漏れます。

この学習は子どもたちに大人気で、次の日も、私が国語の時間に行くと、

「先生、昨日の勉強面白かったから、今日もしようよ」

と子どもたちが言ってきました。この時が思案のしどころです。1回だから面白いのです。2回、3回と続けると飽きてくるし、ふざけてくる子どもも出てきます。1回で打ち切るのが一番良いとは思っていますが、もし2回目をするなら発展させます。

今度は「何が、どうだ」です。主語は、人、動物、植物、物も当てはまります。述語は、「少し」「たくさん」「とても」などが挙げられます。修飾語は、「きれい」「大きい」「黒い」「賢い」「変だ」などの様子を表す言葉です。

今回は、こんな文が出来上がりました。

「先生は　とても　変だ」

子どもたちは、「ぴったりの文だ！」と大笑いです。

「ダメダメ、これは変な文！」

認めない教師との間で言い合いになってしまいました。

CHAPTER

2

学習指導で「追い込む」

では、子どもを「追い込む」指導の方法について、具体的に紹介していきましょう。まずは、授業を中心とした学習指導の場面です。子どもたちの集中力を高めて、限られた時間を有意義に使いましょう。誰でも真似できるちょっとしたコツがたくさんあります。

1 板書で集中力を高める

(1) 板書のスピード

みなさんは、どのくらいのスピードで板書をしていますか？

「子どもと同じくらいかな」
「子どもより、ちょっと速いくらい」
「子どもより速く書いて、机間指導する」

では、子どもと同じ速さとは、どれくらいの速さでしょうか。それを測る方法があります。まず、400字詰めの原稿用紙を子どもたちに配ります。そして、国語の教科書を机の上に用意させたら、どこかのページを視写させます。その時にこう言います。

「普段、ノートに書く時の速さで、教科書を写しましょう」

これはテストではないので、普段通りでよいのだと伝えると、子どもたちも安心して取り組めます。「よーい、スタート!」の合図で始め、1分経ったらこう言います。

「はい、止めて。何字書けたか数えましょう。書いた文章の最後に、その数を書きます」

その後、原稿用紙を回収し、記録された字数から、子どもたちが視写する速さの平均を計算します。

放課後、計算した子どもたちの視写の速さで板書の練習をします。実際に速さを体感し、覚えておくのです。

次の日、子どもたちには、こう説明します。

「昨日、みんなは教科書をノートに写して、字数を数えましたね。実は、字を書く速さを調べていたのです。先生がこれから黒板に字を書く速さは、みんなが字を書く速さの平均と同じです。今日から黒板を写す時は、できるだけ先生と同じ速さで書きましょう。先生より速い人は、速すぎます。もっとゆっくり丁寧に書きましょう。逆に、先生より遅い人は、先生に追い付くようにスピードを上げて書きましょう」

するとほとんどの場合、子どもたちはこう言います。

「え〜、速く書いたら字が汚くなる！」

「先生、雑になるけどいいの？」

このように反論する子は出てきますが、心配しないでください。次のように答えます。

「字が雑になってもかまわないから、速く書きましょう」

なぜなら、運筆が遅い子は、必死に速く書いたところで、あまり字は乱れません。むしろ字が乱雑なのは、運筆が速い子に多いと言えます（中には、速くきれいに書ける子どももいます）。だから、速い子には、「先生と同じ速さで丁寧に」と伝えておくことが大切です。

コクヨグループの調査でも、字を書く速さと成績には相関関係があるという結果が出ました*。概して書くのが速い子は、成績も上位にあるということです。速く書けば成績が上がるかと言うと、一概にそうとは言えませんが、情報を速く処理できれば学習効率が上がることは間違いありません。

では、たとえ字が乱雑でも速く書ける子に対して、なぜゆっくりと丁寧に書くように指導する必要があるのでしょうか。

字が速く書けることは良いことですが、速く書こうとすると、「止め」「はね」「はらい」などに気を配ることはできません。速く書く能力があるのなら、余る時間を使って、その細かな点まで気配りできるようにしたいからです。

＊コクヨS&T株式会社「筆記と学力に関するアンケート調査」平成27年5月29～30日

(2) 書くのが遅い子　速い子

新学期が始まったばかりの国語の授業でのこと、3連くらいの詩の学習の時間です。まずは、学習のめあてを白いチョークで書きます。ほんの一文くらいの短い言葉です。書き終わって振り返り、子どもたちを見ます。教師と同じ速さで書くというきまりになっているので、子どもたちも書き終えているはずです。ところが、まだノートも筆箱も出していない子がいます。そこで、こう言います。

「書けた人は立ちましょう」

　ほとんどの子どもが立ちますが、その時になって慌てて筆箱を取り出す子や、鉛筆を持って書き出す子がいます。座っている時には、まだ自分が何も書いていないことに気付いていません。周りの子どもたちが立った時に初めて自覚するのです。その様子を見逃さず、慌てている子にすかさず近寄ります。

「もう書けた人がいるのに、今から書き出すのはおかしいね。今まで何をしていたの？」

　そして、その子が書き終わるのを待ち、こう言います。

「よろしい。きちんと書けましたね。次からはすぐに書くようにしましょう」


　全員が学習のめあてを書き終えたら、次は詩です。

「今から先生が、この詩を黒板に書きます。先生と同じように書きましょう。先生が改行したら、まだ下に続きが書けると思っても改行します。それから、できるだけ先生と同じ速さで書きましょう。先生より遅い人は、頑張って同じ速さで書きます」

　板書が終わったら、子どもたちの様子を見ます。一生懸命頑張っているのに遅い子には何も言いませんが、書き終わってもいないのに手を止めている子には、近寄って注意をします。

あまりにも遅い子がいたら、写すのをやめさせます。次の学習活動に集中させるためです。しかし、そのままにするわけではありません。その子には後で書くように伝え、少し早く授業を終えて書く時間を確保したり、休み時間も横に付いて書き上げるのを見守ったりします。

逆に、書くのが速すぎる子にも注意をします。

「速すぎますよ。先生と同じ速さで書くようにしましょう。スピード違反ですよ！」

などと言うと、子どもたちは笑います。

(3) わざと板書を書き間違える

新学期初めに担任した子どもたちの様子が、あまりにおとなしすぎる、反応が少ないなと感じた時には、「板書をわざと書き間違える」という方法を試してみます。

1つか2つ、板書をわざと間違えて書いておくのです。一通り板書し終えたのに、誰もそのことを指摘しなかった場合、次のように問いかけます。

「何か、おかしいと思わない？」

すると、「やっぱり！」とか、「変だと思った。そこ違っている！」と言い出す子が現れます。そこで、

「なぜ、『先生、違っているよ』と言わなかったの？」

と聞くと、途端に反応が鈍くなります。

そんな子どもたちに、私は次のことをきちんと伝えておきます。

・先生にも間違いがあること。
・おかしいと思ったら、すぐに指摘すること。
・気が付いたことがあれば、何でも言うこと。

時には、「先生はよく間違えるから、信用していると間違ったことを教えられるよ」と冗談を言うこともあります。

そのようなやりとりを経ると、子どもたちの様子が変わってきます。板書に対する集中力がぐんと上がっているのが分かります。教師が間違えていないか、目を光らせているのです。また、本当に間違えてしまった時も、「先生、間違っているよ」とすぐに教えてくれます。何より気軽に意見を言える雰囲気になるのです。

2 見える化で自分の状態を把握させる

「見える化」することによって、子どもたちに自分自身の立場や状態を把握させます。自分を客観視すると、「これはまずい！」とか「やらなければ！」という気持ちが生まれるのです。

(1) できたら立つ

国語の授業で自分の意見をノートに書いたり、算数の授業で問題を解いたりした時に、私はよく「書けたら立ちましょう」と言います。「書けた人は手を挙げましょう」でもいいのですが、手を挙げる動作は疲れてくるので長くは続きません。それに対して、立つという動作なら、できない子ができるまでしばらく待つこともできます。たくさんの子どもが立っている中では、座ったままで書いている子は大変目立つのです。

何もノートに書いていなかった子が、教師の「書けた人は立ちましょう」という一言で慌てて書き出します。そのように、周囲と比較することによって、自分の状態に気付かせることが大切です。また、本人だけではなく、周囲にも自分の状態が知られてしまうことによって、焦る気持ちをもたせるというねらいもあります。

なお、話を聞いていたかどうかを確認するような場面では、私は全員を立たせてから、できた子を座らせるようにしています。きちんと聞いていた子が座ってゆっくりしている一方で、聞いていなかった子は立っていなければならないので、少し恥ずかしい思いをします（拙著『指示は1回』参照）。

(2) 名前カードの活用

ほとんどの先生方は、子どもたちの名前を書いた磁石を、授業や学級会などで活用されているのではないでしょうか。表が白や黄色で、裏が磁石になっているものはよくあります。私が使うのは、裏表両面が使用できるものです。表が白で、裏が黄色になっています。両面ともに横書きで名前を書いてもいいし、表は横書き、裏は縦書きのように書き分けてもいいでしょう。これを黒板の端の方に貼り付けて、いつでも使用できるようにしておきます。

①課題ができたかどうかが見える

社会の授業を例に挙げましょう。調べたことをもとに、新聞を作っていたとします。「できた人は先生のところに持ってきましょう。『合格』と言われた人は名前カードを裏返します」

このように伝えて、子どもたちが提出した新聞を点検します。修正の必要がある場合は直すように指示し、ない場合は合格と言います。合格をもらった子は、そのまま黒板の端に行き、自分の名前カードをひっくり返します。すると色が変わるので、できた子とできていない子が一目瞭然です。教師はできていない子のところに、様子を見に行くことができます。また、子どもたちにとっても、自分が今どのあたりにいるのかを把握するツールになるのです。色が変わっているカードが少ないのなら、まだまだ大丈夫。半分以上になってきたのなら、そろそろ急がないといけないなというように、自分以外のカードの色がどんどん変わっていくと、子どもは焦ります。そして、みんなに追い付こうと真剣に取り組むのです。

もちろん、教師は合格できていない子どもに目を配り、時には近寄って支援することも必要です。誰が遅いのか、誰を支援しなければならないのか、教師がいち早く気付けるようにするためにも、この方法は有効なのです。

②学習進度が見える

次に、算数の授業を例に挙げます。計算ドリルを何ページ分か、あるいはプリントを何枚分かというような課題を出す場面です。

黒板に、ドリルやプリントの枚数と同じ数の階段を大きく書きます。ドリルを5ページ進めるならば、階段は5段です。そして、それぞれの段に1から5の番号を書き、次のように言います。

「今、君たちはスタート地点にいます。ドリル1を終えた人は、黒板の1のところに名前カードを貼りに行きます。そして、ドリル2を終えたら2のところに貼ります。順番にドリルを進めて、5の段まで行ったらゲーム（ドリル）は終了です」

この方法だと、黒板を見れば、どの子が今ドリルの何番をしているか、全体に比べて速いか遅いかなどがすぐに分かります。遅れている子のところに行って、問題につまずいているなら手助けをし、遊んでいるなら注意をすることができます。

また、子どもたちも自分自身の学習進度が速いのか、遅いのかを把握できます。自分の位置が教師や他の子どもに知られてしまうので、手を抜くことができません。

しかし、いつも同じパターンだと、子どもたちの優劣を表す図になってしまうので、注意が必要です。私は、一番下からスタートする階段上がりのパターンの他に、一番上からスタートする階段下がりのパターンも試しました。また、階段ではなく、右から左の横並びパターンもあります。しかも、この横並びパターンには、ジャングルや急流、一本橋などの絵を描いて、ステージが変わっていくような雰囲気を出します。　本橋の下には、口を開けたワニがいます。中には、一本橋から落ちていくところに名前カードを貼る子や、ワニの口のところに貼って喜んでいる子もいます。また、2つ、3つためておいて、「ジャンプ」と言いながら一気に進む子も出てきます。要するに、ゲームのような感覚で楽しめることが大切です。

(3) 動作化する

動作を伴う指示を出すことによって、子どもたちがきちんと理解しているかどうかということが明らかになります。分かっているふりをしたり、ごまかしたりすることができなくなるのです。

では、私の若い頃と最近の指導方法を比べてみましょう。

例1　私の若い頃の指導

例2　私の最近の指導

両者の違いが分かるでしょうか？　ポイントは2つあります。

1つ目は、子どもの発言を繰り返さないことです。教師が子どもの発言を繰り返すと、他の子どもたちは、友達の発言を聞かなくなります。たとえ聞いていなくても、教師が繰り返してくれるから大丈夫だと気を抜いてしまうのです（拙著『指示は1回』を参照）。

2つ目は、子どもが発表したところを指で押さえさせるか、線を引かせることです。これには次のメリットがあります。

・友達の発表を聞いていないとできない。

・子どもたちの指先を見れば、理解しているかどうかが分かる。

「分かりましたか？」と問いかけるだけでは、分かっていてもいなくても、うなずいたり、手を挙げたりしてごまかせます。教師にとっても、きちんと確認するのは難しいでしょう。しかし、指で押さえたり、線を引いたりするとなれば、ごまかしはききません。ちゃんと聞いていなかった子、理解できていない子は、「分かっていない」という自分の状況に向き合わざるを得なくなるのです。

3 適切な時間設定で緊張感をもたせる

「この問題は3分で解きましょう」

「5分あげます。自分の感想を書きましょう」

「教室にある時計の長い針が6になったら終わりです」

というように、日常の授業で時間を設定することはよくあります。

最も簡単に子どもを集中させることができる方法です。しかし、ここで気を付けなければならないことがあります。それは、思考に十分な時間を確保しているかということです。

「3分で解きましょう」

と子どもたちに指示する時、追い立てようとぎりぎりの時間を設定しがちですが、それでは子どもはむやみに焦るだけで、じっくりと考えられません。大切なのは、設定する時間が適切であることです。つまり、余計なことをする暇はない、しかしながら、じっくりと考えることはできる、という長さが必要なのです。

ほとんどの子どもは、時間の制限があるというだけで焦ります。適度に緊張させて集中を高めるというのが時間設定のねらいではありますが、むやみに焦らせて、逆に集中を妨げるようでは本末転倒です。「3分しかないよ」と伝えつつも、「3分あればじっくり考えられるはずだよ」と言って安心させるようにしましょう。しかし、のんびり鉛筆を触っていたり、遊んでいたりするような子どもに対しては、「問題を解かなくていいのかな?」

と声をかけます。

最近、気になることがあります。それは、時間設定にキッチンタイマーを使う教師がいることです。目覚まし時計やキッチンタイマーの「ピピッ」という音には、人間の神経を刺激する周波数が使用されています。寝ている人や調理に一生懸命になっている人に気付かせるための音です。百マス計算のように、その時に全員終わりというルールなら分かりますが、思考している最中には必要ない音なのではないでしょうか。タイマーが鳴ると、子どもたちはびくっと驚いたような反応をするのです。私は「あと1分だよ」と優しく声をかけるようにしています。

初めの頃は、子どもたちは「3分しかない」と焦りがちですが、実際に問題を解いてみると「あれ？　まだこんなに時間があるのか」と思うものです。それを繰り返していくうちに、問題にはさっと取りかかるものの、むやみに慌てることはなくなります。

4 的確な言葉かけで意識を高める

(1) 的確な指示

授業中の教室の光景を思い浮かべてください。次のように教師が発言します。

「誰か発表できる人はいませんか?」

すると、何人かの子どもが手を挙げ、そのうちの1人を指名します。

「はい、Aさん」

「それは、○○だと思います」

これは、よくある光景です。ところが私は、「誰か発表できる人はいませんか?」と聞くことは、あまりありません。その代わりに、こう言います。

「ノートに意見や考えを書き終えた人は、手を挙げましょう」

初めは、子どもたちが複雑な表情を見せます。そうでしょう。「発表できる人」だと、発表したくない人は手を挙げなくても済みます。しかし、「書き終えた人は、手を挙げましょう」だと、発表したくなくても書けた人は手を挙げなくてはなりません。手を挙げると、当たる可能性もあります。

中には、「えっ」という顔をして、書けているのに手を挙げない子どももいます。机間指導をして、そのような「書けているのに手を挙げない子」を探します。そして、「君は書けているのに、どうして手を挙げないのかな。先生は書き終えた人は手を挙げましょうと言いましたよ」

と言うと、何か詐欺にでもあったような顔をして、しぶしぶと手を挙げます。

そして、手を挙げた子どもを指名していきます。しかし、学年初めはそれらの意見に対して、絶対に否定的なコメントは返しません。子どもたちにとっては、無理やり答えさせられている状況なのですから、否定されると嫌な思いになります。「発表させられて、その上嫌な思いまでさせられた」と思うはずです。そのため、初めはその意見の良いところだけを褒めるようにしています。もちろん、いつまでも褒めるだけではありません。子どもたちが発表することに慣れ、私の授業にも慣れてくるまでの間です。

(2) 指示は曲げない

また、その授業の中心課題の場合、発問してすぐに答えさせるのではなく、必ず自分の考えをノートに書かせるようにします。それは、「全員が考える」ようにするためです。そして、時間になったら、初めに「まだ書けていない人は?」と聞きます。学期初めの時なら「書けた人は立ちましょう」と言って、まだ書けていない子どもを探します。まだ書けていない子どもには「書けていなくてもいいです。でも、最後にノートを集めるから、それまでには書いておくように。どうしても思い付かなかったら、今から友達が発表していくから、その中で一番自分の考えに近いものを書いておきましょう」と伝えます。

考えが書けなかった子どもは、他の子の意見をしっかり聞かなくてはなりません。「書けませんでした」では困ります。書けなかったからこそ、他の子どもの意見をしっかり聞くように指導するのです。

授業終了5分くらい前になったら、全員のノートを集めます。そして、その時にもまだ書いてない子どもがいる場合、「おかしいな。先生は意見を書いておきましょうと言ったはずです」と言って、その子にノートを返します。もちろん放っておくわけにはいきません。しばらく様子を見て、その子どもが困っているようなら、「ちょっと前に出てきましょう」と言って、提出された他の子どものノートからいくつか考えを紹介します。その中から気に入った意見を選ばせ、自分のノートに写させるようにします。低学年の場合は、板書を写させます。

このように、「書きましょう」と指示を出したら、絶対に曲げません。一度出した指示を引っ込めるような態度を見せたら、子どもたちは教師の指示を聞かなくても平気だと思うようになってしまうのです。「先生が書きましょうと言ったら、書かずには済ませられない」ということを強く意識させることが大切です。

(3) 自分の位置を知らせる

次の発言も、教師が子どもたちによくかける言葉です。

「算数ドリルの5ページの問題を解きます。できたら持ってきましょう」

できた子どもから順番に教師が丸を付けたり、「よくできました」の判を押したりしていきます。しかし、中には、取りかかりが遅かったり、気持ちが続かず停滞したりしてしまう子どももいるでしょう。

子どもたちが気を抜かずに取り組める方法があります。

私は、一番初めに持ってきた子どもに、次のように声をかけます。

「よくできたね。1番だ！」

そして、丸を付ける時に、その横に「1」とか「No.1」などと書きます。次の子どもには、

「君も速いね。2番だ！」

と言って、同じくノートに丸を付け、「2」とか「No.2」を書きます。5、6人が合格した頃に、気を抜いている子どもたちを焦らせる言葉も付けます。

「よし！ 君は6番だね。残りは20人だ」

その後も、次々と続けていきます。

「よし！ 君は7番だね。残りは19人だ」

「よし！ 君は8番だね。残りは18人だ」

「よし！ 君は9番だね。残りは17人だ」

まだできていない子どもには、残りの人数のカウントダウンに自分が含まれていること、教師はちゃんと数えていることが伝わります。そして、徐々に焦りを感じてきます。

残りが5人くらいになった時には、確認の意味で、まだできていない子に手を挙げさせます。その子どもたちを集めて、問題のヒントを与えます。時間がない場合は、黒板を使って説明して、ノートに写させます。決してそのままにはしません。

もし、チーム・ティーチングをしている授業ならば、担任が丸付けをして、もう1人の教師がまだできていない子どもに支援するというように分担することもできます。

5 漢字の指導でやる気にさせる

みなさんは、漢字の指導をどのようにされているでしょうか。
①書き順の確認→②指書き→③なぞり書き→④実際にノートに書く
というような順番でしょうか。この時、書き順をきちんと確認させることがポイントです。

ここで正しい書き順を覚えないと、その後も間違ったまま書き続けることになってしまいます。

私は、次のような方法で書き順の指導を徹底しています。

(1) 全員一斉に

授業で一斉に書き順の指導をした後、全員に手を高く上げさせます。そして、

「今、学習した漢字を大きく腕で書きましょう。はい、1、2、3…」

大きく腕を使って書くことがポイントです。全員が同じ動きをするはずですから、違う

動きをする手があったら、それは書き順を間違えている子どもです。
「○○さん、書き順が違いますよ」
と、すぐに指導できます。

ただし、子どもたちの中には書き順を覚えるのが苦手で、いつもいつも間違えてしまう子もいます。そんな子には、腕に手を添えながら一緒に動かし、体を使って書き順を覚えさせるようにします。

(2) 一列ずつで

同じような方法で、一列ずつ行うのも効果があります。全員一斉だと、自分が空中で書くのに一生懸命で、友達にはなかなか目が届きません。しかし、この方法だと、自分の順番でない時は友達の動きを見ていますから、「○○ちゃん、違っているよ」と指摘できます。指摘された子は、少し恥ずかしい思いをするかもしれません。

この方法では、どの列も同じ字を書かせることもあれば、一列ずつ違う字を書かせることもあります。

(3) 抜き打ち書き順テスト

時間がある時は、この一列ずつの書き順チェックを実際に黒板に書かせることもあります。

書き順の指導をした後、「覚えましたか？」と聞くと、「そんなの楽勝楽勝！」と言う子どもがいます。

まさか本当に試されるとは思っていないので、子どもたちは涼しい顔をしています。

「本当かな？　試してみるよ」

そこで初めて、子どもたちは驚きます。突然のテストに動揺する子どもたちを、黒板の前に並ばせます。そして、黒板の中央上に見本の「馬」の字を、書き順は分からないように隠しながら書きます。

「では、書き順のテストをします。この列は、前に出てきましょう」

「君たちには『馬』を書いてもらいます。チョークを持って、高く手を上げましょう」

こう言わないと、字を体で隠そうとするのです。みんなからよく見えるように書かせます。

「先生が1、2…と言いますから、書き順に合わせて書きましょう」

　手の動きが確認できるように、「1、2…」とゆっくり数えていきます。まさか本当に書き順をみんなの前で試されると思っていなかったので、子どもたちは焦っています。

　中には、隣の子が書くのを見てから慌てて追従していく子、隣の子の書き順と違うことに気付き、慌てて手で消して書き直す子もいます。
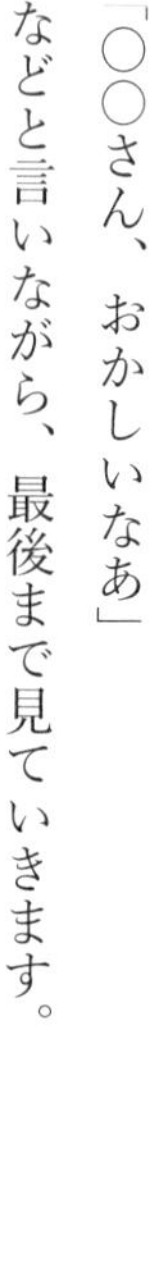
「○○さん、おかしいなあ」

などと言いながら、最後まで見ていきます。

「発表します。○○さんと○○さんは不合格。その場で2回、指書きしましょう」

　もちろん書き順を知らない子には、その場で教えます。

　そして、次の列も同じように黒板の前に並ばせます。座っていた子どもたちの中には、自分の順番が来た時に困らないように、漢字ドリルを見て書き順を確認している抜け目の

ない子もいます。

次の列は、先ほどとは違う漢字にします。同じ漢字だと、待っている間に書き順を覚えてしまい、テストにならないからです。

(4) 漢字リレー

「漢字リレー」という方法もあります。これはチーム対抗で競うゲームなので、かなり盛り上がります。手順は次の通りです。

①クラスを2つか3つのチームに分けます。
②教師が漢字を示します。例えば「花」。
③「よーい、スタート」の号令で、チームから1人ずつ出てきて、1画だけ書きます。順番に1画ずつ書いていき、正しい書き順で一番速く書き終えたチームが勝ち。

次のようなルールを設定します。

・無言で書く：書いている子の書き順が違っていても「あっ！」とかの声を上げない
・チョークがバトン：折れたり、落としたりしたら負け

・間違いに気付いたら：次の子が消して書き直す

ただし、漢字が苦手な子や、学力的に難しい子がいる場合は、漢字を提示した後に、チーム内で作戦タイムを1分間くらい設けます。そこで、書き順を確認したり、自信のない子を1番目にするなどの作戦を練ったりしておくのです。チームで協力し合うと、1つの漢字を完成させることができるというわけです。

こういう指導を続けていくと、全員一斉に書き順を確認する時に、真剣に覚えようという態度を見せるようになります。なぜなら、書き順をきちんと覚えていないと、後になって抜き打ちテストで困ったり、漢字リレーの時に自分のせいで負けたりするということが分かってくるからです。

6 お絵かきで理解を深める

国語の授業では、文章に表現された情景を正しく理解することが求められるでしょう。例えば、次のような文があったとします（これは私の創作です）。

「目の前に大きな山が3つあります。奥の山が一番高く、右手に見える山がその次。左手の山が一番低いです。2番目に高い山には、大きな杉の木が1本立っていて、3番目に高い山には、あまり大きくない杉の木が3本立っています。一番高い山の中ほどには、小さなお寺がありました。…」

若い時の私ならば、

「一番高い山はどれですか？」

というように一問一答式で質問していきます。そして、私が黒板に情景を描きます。

これでは、子どもたち全員が考えなくても授業は進んでしまうでしょう。気を抜く子が出てくるかもしれません。

このような時には、子どもたちに絵を描かせるのが効果的です。「えっ！　国語の授業で絵を描くの？」と思われるかもしれませんが、一度やってみてください（もちろん挿絵があれば使えませんが）。この方法だと、必ず全員が考えなくてはなりません。

子どもたちに絵を描くように指示すると、「やった！」と喜びます。「絵を描く」の言葉にだまされるのです。何か自由なことができる、勉強ではなく遊びのようなイメージを抱くのでしょう。しかし、それがミソなのです。

この情景をしっかりと絵に描くには、内容をきちんと理解しなければなりません。位置関係を理解し、頭の中に情景が描写されるようになるまで、読み深めなければならないのです。中には、きちんと内容を理解しないうちに描き始める子どももいます。そういう子どもを見つけたら、まず内容をよく読むように指導します。

教科書をよく読むと、この方法を使える場面は意外と多いことに気が付きます。しかし、

保護者がノートを開いた時に、どのページにも絵が並んでいたのでは、「どんな授業なのだろう。絵ばかり描いて、遊んでいるのではないか…」と疑念を抱かれるかもしれないので、ノートにはあまり多く書きません。私は、印刷ミスなどの不要な紙を配り、その裏に描かせることが多いです。

この方法は、理科の授業でも使えます。観察はもちろんですが、実験の時にも、私はよく絵を描かせます。実験の方法や準備物などをノートにまとめる場面で、時間のある子どもには、

「書けた人は、実験装置の絵を描きましょう」

と言っています。その際には、必ず器具の名前を書き加えるようにさせます。こうすると実験装置の組み立てが意識できて、器具の名前も覚えます。人間は書く行為によって、確認したり、認識したりするのです。

7 間違い直しで逃がさない

テスト、プリント、ドリルなど、子どもたちの学習には間違いが付きものです。間違えることは決して悪いことではなく、間違いを見直して次に生かすことが大切です。

テストやプリントを返す時には、

「間違っているよ。直しておきましょう」

と声をかけますが、子どもたちはなかなか間違いを直しません。

私は、決してそのままにはしません。必ず間違いを直させるようにしています。しかし、隙を見ては逃げ出そうとするのが子どもたちです。逃がさない方法をお教えしましょう。

(1) 付箋の活用

提出したドリルなどに間違いがある場合は、そのページに付箋を貼っておきます。子どもたちには、こう伝えます。

「付箋が貼ってあるページには間違いがあります。次回、ドリルを提出する時には、必ず直してから提出しましょう」

次回提出した時に、まだ直してない場合は、違う色の付箋を貼り直したり、すぐに子どもにドリルを返して訂正させたりします。その日の帰りまでには、必ず提出させるのです。

(2) 名前カードの活用

プリント類を子どもたちに返す時には、次のように言います。

「プリントに間違いがあった人は、名前カードを裏返しておきましょう」

すると、プリントに間違いがない子はそのまま席に戻り、間違いがある子は、黒板に貼ってある名前カードを裏返します。この時、子どもたち一人一人をしっかり見ておきます。

大抵の子どもはすぐに直して再提出し、認められたら名前カードを元に戻します。教師は名前カードをよく見ておき、帰り時間近くになってもまだ提出していない子がいたら、「直しがまだだよ」と伝えます。遅くても、その日の帰りまでには提出させます。

この時に教師が気を付けることは、プリント類はこまめに返却し、ため込まないようにすることです。一度にたくさんの直しを要求されると、子どもは嫌がり、やる気をなくしてしまいます。すぐに片付けられる程度の量を心がけることです。

8 満点以上で向上心をもたせる

テストで満点を取るのは、子どもにとって、いや大人にとってもうれしいものです。しかし、運動も勉強もいつもできるような子は、それが当たり前になってきます。それでは、慢心につながり、向上が見られません。そこで私は、100点が満点ではないテストを時々作るようにしています。

(1) 漢字のテスト

私が作成した漢字テストは、100点満点ではありません。それ以上の漢字を書ける子どもには、それ以上の点を与えています。どういうことでしょうか。

私は、テストに出た新出漢字以外の漢字を書けた場合、1つに対して5点追加しています。

例えば

「1．午後のきょうぎがはじまった」

という問題があったとします。

ここで、「午後」の字は、新出漢字なので、テストでは

1、□(ごご)のきょうぎがはじまった。

となり、「午後」を正しく書けた人が、正解となります。

1、(午後)のきょうぎがはじまった。　↑　正解

私の場合は、「午後の競技が始まった」と全て漢字にして書けた子どもには、

1、(午後)の(競技)が(始)まった。　↑　正解　＋5点　＋5点

と加点していくのです。

こうすると、子どもたちは少しでも点を上げようと、新出漢字以外の漢字も調べてきます。今まで担任した中では、「篭」とか「龍」の字も調べてきて、見事に書いた子どもが

いました。

ただし、点数としては、本来のテストとは別に計数します。表記は次のようにします。

・本来のテストが全て正解で、それ以外の漢字を3つ書いた。 100＋15点　と書く。

・本来のテストでは1つ間違い、それ以外の漢字を4つ書いた。 95＋20点　と書く。

今まで私が担任した子どもたちの中では、4年生の女の子が、100＋30点を取ったのが最高記録です。その子はテスト前になると、問題以外に漢字で書けるのはないかと、自分で辞書を使って調べ、さらには保護者にも聞いて練習してくるのです。

(2) 体育のテスト

体育では、「できた」「できない」だけの評価ではなく、段階に応じた評価が必要です。

鉄棒、跳び箱などを練習した後には、テストをします。テスト前に、教師が例を実演してみせて、評価の基準を教えます。例えば鉄棒の「前回り降り」のテストをするとしましょう。

「次の人はA評価です」

鉄棒に跳び付き、くるりと前回りして降ります。

「次の人はB評価です」

鉄棒に跳び付きますが、肘が曲がったりしてきれいな姿勢ではなく、降りる時には「バタン」と大きな音を立てます。何とか前回り降りができた状態です。

「次の人はC評価です」

鉄棒に跳び付いた後は、「布団干し」のような形になり、一回転して降りることはできません。

「跳び付きもできない人はD評価です」

さらに続けて、こう言います。

「これもできた人は、ウルトラA評価です」

鉄棒に跳び付き、きれいに前回りして降ります。しかし、足を降ろそうとする時に、腕に力を入れて踏ん張り、足をゆっくりと降ろします。靴が地面に降りた時、音はしません。私は、これを「忍者降り」と呼んでいます。

子どもたちは、「ええ～」とざわつきます。

その他にも発展技を考えて、できた子には「ウルトラA」を与えました。跳び箱の「開脚跳び」では、ただ高い段を跳べるだけでなく、同じ高さなら助走がよりゆっくりの方が評価が高いとします。また、「台上前転」では、膝を曲げずに、足をきれいに伸ばすことができれば「ウルトラA」にしました。もちろん、基本の跳び方を教える時に、「ウルトラA」の跳び方もきちんと教えておく必要があります。子どもたちに「教えて！」と言われた時は、授業時間以外でも放っておくわけにはいきません。時間のある時は、放課後遅くまで体育館で付き合わされることもありました。

また、体育が苦手な子どもからも「練習に付き合って」と声がかかります。ただ、鉄棒の場合は、腕の力と切っても切り離せない関係があります。ぶら下がり

もできないほど、腕力のない子どもは、どれだけ練習しても鉄棒ができないのです。そのような指導の構造も先生方にはぜひ学んでほしいと思います。

(3) 本読みカード

どの教師も、家庭での音読練習用に「本読みカード」を作成した経験があると思います。通常は、次のような段階を設定します。

第1段階　読めない漢字がない
第2段階　スラスラと読める
第3段階　「、」や「。」に気を付けて読める
第4段階　気持ちを込めて読める

私は、最後に次の段階も付け加えます。

第5段階　本を見ずに読める（覚える）

本を読むのが得意な子は、すぐに第4段階まで到達し、「もう十分上手に読める」とばかりに、その後はあまり本読み練習をしなくなってしまいます。そこで、第5段階を付け加えたのです。これを達成するのはなかなか困難です。もちろん学習している国語の単元全てをすぐに暗記するのは難しいので、第5段階の欄には、どこまで覚えたか、覚えたところまでの段落やページを書きましょうと伝えます。

これには、私の友人からの発言が大きなヒントになっています。次の「暗記で情報量を増やす」を参考にしてください。

9 暗記で情報量を増やす

自分が年を取ったのか、時代が変わったのか、子どもたちと話をしていて「あれっ?」と思うことがよくあります。それは、私たちが子どもの頃は、みんなが知っていて常識だと思われていたことを、今の子どもたちが知らないということです。

例えば、次のようなことが挙げられます。
・十二支の順番（子、丑、寅、卯、辰、巳、午、未、申、酉、戌、亥：干支の歌）
・大の月、小の月の覚え方（二月、四月、六月、九月、十一月：西向く侍）
このようなことが授業中に判明すると、私はすぐに、「はい、これは今日の宿題、覚えてきましょう」と言います。もちろん、その前に十分楽しい話をしておきます。十二支の話では、どうしてこの順番になったか、どうして十二支の中に猫はいないのかなど。大の月、小の月の話では、どうしてこのように言うのか説明をしておきます。6年生だったら、明治までの太陰暦の時には、閏日ならぬ閏月（つまり1年が13か月）があったことも話します。

家庭科の授業では、調味料を加える順番（砂糖、塩、酢、醤油、味噌：さしすせそ）も覚えさせました。

さらに不思議なことですが、中には、自分の家の住所や電話番号を知らない子がいるのです。早速自分の住所を覚えることを宿題にしました。

私が、何かあるとすぐに「覚えておいで」と宿題を出すのには、理由があります。

友人のT氏が、ある日私に次のように言いました。T氏は、とても熱心な実践家の教師です。

「私は、作文指導を一生懸命やってきた。1年間、ほぼ毎日子どもたちに作文の宿題を出し、添削して返してきた。しかし、1年たっても子どもたちの多くは作文が上手にならなかった」

私は、彼が1年間毎日クラスの子どもたち全員の作文を読み、さらに添削をして返した作業量、その熱心さに驚きました。私には、とても真似できません。しかも、それだけ彼が努力しても子どもたちの作文が上手にならなかったということに、さらに驚きました。

彼は続けました。

「ある研修に参加したら、『子どもの作文能力向上の一番の早道は、名文を暗記させることだ』と言っていて、これまでの努力は何だったのかとがっかりしたよ」

彼の話によると、その講師は次のように言ったそうです。

「子どもたちに、名文と言われる文を数多く暗記させると、心の中に文のリズム、韻律が染み込み、変な文は書けなくなる」

残念ながら、これについての追試は難しいですが、何となく納得できるところがあります。

これは良いことを聞きました。毎日作文を添削するのは、大変骨の折れる仕事ですが、名文を暗記させるだけで良い文が書けるのなら、これほど費用対効果の大きい方法はありません。

以来、私はT氏の話を信じて、機会があると子どもたちに名文を暗記させてきました。本読みカードの第5段階として「覚える」を加えたのも、T氏の話がヒントになっているのです。

教科書に素敵な詩が出てきた時にも、

「はい、宿題です。覚えてきましょう」と言います。

子どもたちが「とおく」か「とうく」か、迷っていた時も、

「宿題です。『遠くの大きな氷の上を、多くの狼、ほおずきもって、十ずつ通った』（全て「お」の単語）の文を覚えてきましょう」と言います。

できる子ども、賢いと言われる子どもは、概して情報量が多い子どもです。暗記をさせることにより、情報量は増えます。子どもたちの頭は大変柔らかく、記憶力に優れています。新しいことを知りたい、覚えたいという子どもたちの欲求に応えてあげましょう。子

どもたちは、情報をどんどん吸収していくのです。

以上のように、新学期の初めから学習で「追い込む」方法を繰り返していると、教師が黒板の前に立ち、チョークを持って書き始めると、自然と子どもたちも書き始めるようになります。子どもたちの心の中に、「先生は、一度指示したことは必ず後で確かめる」とか「先生は、後できちんとできているか見るから、その時に慌てないようにしなければならない」というような意識が生じてくるからです。

「追い込む」と言っても、これは決して子どもたちを追い詰める方法ではないのです。子どもたち一人一人の意識を高め、主体性を引き出す方法と言えるでしょう。

また、教師の方も、授業中の子どもたちの様子が気になってきます。クラス全体を見渡し、全員がきちんと取り組んでいるのか、課題の難易度が適当かどうか、常に気にするようになります。1人の子どもが発表している時、その子の発表を聞きつつも、その他の子どもたちはきちんと聞いているのか、考えているのか、遊んでいる子はいないか、しっかりと気を配るようになります。そして、子どもが何をしたらよいか分からない時間を作らないよう意識するようになるのです。

次第に、授業以外のことを考えている子や、授業内容が難しくて付いていけない子もすぐに見つけられるようになります。そして、そのような子に対して、適切な支援ができるように、教師自身も成長していくことができるのです。

COLUMN 2

楽しい授業とは？〈後編〉

レベル3

最難関のレベル3にあたるのが、子どもたち同士で話し合い、高め合う授業です。知ることが楽しい、分かることが楽しい、すなわち「学習＝楽しい」という構図の授業形態です。この形態まで行き着くと、授業の表では教師の出番はほとんどありません。教師は裏方に徹します。

私は授業名人ではありませんので、いつもレベル1かレベル2でしたが、1つの単元に1つは必ずレベル2程度の教材を用意するようにしていました。

そんな私ですが、子どもたち同士が話し合う授業で、1つだけ心に残っている授業があります。それは、4年の「ごんぎつね」の授業です。

当時勤めていた東大淀小学校では、授業の課題や問題はできるだけ子どもたちと作るようにしていました。子どもたちがその単元や作品に触れた時、「問題にしたいこと」を挙げます。その後、問題を並べて話し合い、すぐ分かる問題は排除して、みんなで話し合いたい問題を残していきます。教師と子どもたちが一緒に決めるのですが、中には、教師にとってはあまり価値がないと思われる問題も含まれています。また、教師は価値があると思っていても、子どもたちから挙がってこない問題もあります。そんな場合は、教師が子どもたちに頼んで、その問題も加えてもらっていました。そうやって、教師と子どもたちがみんなで話し合いたい問題を絞っていくのです。

その学校では、教師が子どもに与えるのは「課題」、子どもから自発的に生まれたものは「問題」と区別していました。

その問題の中の1つに「兵十のお母さんは、本当に『うなぎが食べたい』と言ったのか」というのがありました。教師のみなさんなら、これはごんが推測で言っただけで、本当かどうかの記述はないから判断できないというのは分かるかと思います。

案の定、子どもたちからは、兵十の行動とごんの言葉から推測した意見が出るだけでした。当たり前です。それ以上のことは本文に書かれていないから分かるわけがないのです。

私は正直「早く終わって、次の問題に行きたい」と思いました。

その時です。ある女の子が、こうつぶやきました。

「先生、こんな時って魚いるのかなぁ」

「どういうこと?」

「先生、だって兵十が腰までつかるほどの水でしょう。雨上がりで水の流れも速いし。こんな時に魚いるのかなって思った」

すると、それを聞いた他の子どもが、いくつか意見を言い合いましたが、しっかりした答えは出ません。すると、ある子どもが言いました。

「教頭先生に聞いたらいい」

その時の教頭先生は、子どもたちにも有名な釣り名人で、時々釣りに連れて行ってもらう子どももいました。

「そうだ、教頭先生なら、よく知っているよ」

他の子どもも賛成しました。授業中にそんなことを聞きに行くのは、正直ちょっと抵抗を感じましたが、子どもたちの意欲も高まっているし、すぐに解決する方が良いと判断しました。そして、代表の子どもを聞き取りに行かせたのです。

その子が帰って来るまで、ほんの3分くらいだったと思いますが、待っている私や子どもたちにはとても長い時間に感じられました。

バタバタバタと廊下を走ってくる足音が聞こえ、ガタッと勢いよく戸が開き、子どもが飛び込んできました。息を整えながら黒板の前に立ち、次のように言ったのです。

「教頭先生は、そんな流れの速い時に、魚はいないと言っていました」

子どもたちから、「やっぱり」という声が上がりました。その子は、さらに続けて言いました。

「『雨上がりの後は流れがきついから、人間の大人でも危ない。魚なんてすぐに流されてしまう。ほとんどの魚は川の底や穴の中でじっとしていたはずだ』と教えてくれました」

子どもたちは大変感心し、そのような状態でも川に入る兵十は、よほどのことがあって、入らざるを得ない状態であると話し合いました。

この「ごんぎつね」の授業は、よほど子どもたちの関心を引いたのか、休み時間になっても教科書を持って、子ども同士で話し合っている光景を見ました。

CHAPTER 3

生活指導で「追い込む」

次に、生活指導の場面を見ていきましょう。ここにも、子どもを「追い込む」コツがたくさんあります。学習指導と生活指導は、生徒指導の両輪ですので、それぞれが影響し合い、相乗効果を生みます。その半面、どちらかで教師が一貫した態度を崩すと、たちまち子どもたちは気を抜くようになってしまい、学習も生活もうまくいかなくなるのです。

1 的確な指示で解釈を委ねない

(1) 集団での作業

たくさんの子どもたちが、体育館で卒業式の会場設営の作業をしていたとします。初めはいくつかのグループに分け、それぞれに作業を与えますが、グループごとに作業のスピードが違うので、暇になった子どもたちが出てきます。中には鬼ごっこをして遊んでいる子どもも現れました。教師は早く終わらせるために、このような子どもたちを手伝わせようと声をかけます。

「手が空いている人は、集まりましょう」

この呼びかけに集まるのは、真面目な子どもたちです。「手が空いている」＝「作業がない」「暇である」と主体的に判断します。それに対して、仕事をしたくない、いわゆる元気印の子どもたちは、これくらいでは教師のところに来ません。彼らは遊ぶのに一生懸命で、とても「暇」ではないのです。

そのような子どもたちに対して、教師は、

「早く集まりましょう！　何をしているのですか！

先生は、手の空いている人は来ましょうと言いましたよ！」

と怒ります。しかし、元気印の子どもたちの解釈では、彼らは「手の空いている人」ではないので、怒られる理由がありません。私は、次のように言います。

「今、手に何も持っていない人は、集まりましょう」

この言い方だと、客観的に判断できます。手に何も持っていない子は集まらざるを得ないのです。

日本人は、このように読み手や聞き手に解釈を委ねる言葉遣いをします。町の中を歩いていたり、お店に入ったりすると、次のような看板を目にすることがあります。

「関係者以外立ち入り禁止」、英語では「Staff only」です。

「関係者」とは何でしょうか。学校の正門には必ずと言っていいほど、先ほどの看板が掲げられています。

これを読んだ人たちは、

「私は保護者だから入れる」

「私は出入りしている業者だから入れる」

「私は、子どもが通学しているわけではないし、教師でもないから入れない」

というように判断します。

私は、このような読み手の判断で解釈が揺れるような言葉を、できる限り排除するのです。つまり、子どもたちが判断するのではなくて、こちらが明確な指示を与えるように心がけます。

具体的な場面をいくつか挙げましょう。

例えば、卒業式の練習でのことです。入場してきた6年生に対して、

「もっと、顔を上げなさい」

と言います。私なら、

「ステージの上にある校章を見なさい」

と言います。

また、遠足で電車を利用する時のことです。よく言うのは、

「マナーを守りましょう」

ですが、私は次のように言います。

・つり革には、ぶら下がらない。

・大きな声で話をしない。

・車内を走り回らない。

時には子どもたちに

「電車の中でマナーを守るとは、どういうことでしょうか?」

と聞いて、具体的な行動について聞き出します。


「もっと、ちゃんとしなさい」

「もっと、気持ちを込めましょう」


教師がつい言ってしまいがちな言葉です。

私たち教師は、子どもたちにも伝わるだろうと、よく曖昧な言葉を使ってしまいます。しかし、それでは、聞いた子どもの判断に任せることになり、指導が徹底されません。私は具体的な指示を出し、子どもたちにとって分かりやすいようにしているのです。

(2) 遠足のゴミ拾い

遠足で公園に行きました。子どもたちの楽しい時間も終わり、帰りの時間になりました。このような場面では、どの学校でも、どの教師でも、

「さあ、帰る前にゴミを拾って、きれいにしましょう」

と呼びかけるでしょう。この時に、ただ「ゴミを拾いましょう」ではなく、「ゴミを10個

拾いましょう」というような目的をもたせるのがよいというのは、よくご存じだと思います。さらに私は、次のような方法を取り、子どもたちを逃がしません。

「帰りの時間です。次に来た人が気持ち良く過ごせるように、ゴミを10個拾います。先生が大きなゴミ袋を持っているので、その中に捨てましょう」

すると、子どもたちはゴミを拾いに、公園に散らばっていきます。私は、子どもたちの方を向いて、ゴミ袋を開いて立ちます。

さあ、早くゴミを拾った子が戻って来ました。

「1番！」

と言いながら、私が持っているゴミ袋にゴミを入れました。そこで、その子に言います。

「拾ってきた人は、先生の後ろに並びましょう」

こうすると、ゴミを拾って仕事が済んだ子は後ろに並ぶので、私の視界から消えます。私が見ているのは、まだゴミ拾いが終わっていない子どもたちです。

一生懸命ゴミを拾っている子もいれば、まだ遊んで

いる子もいます。時々、

「時間がないよ〜」

と声をかけます。ゴミを拾った子どもたちが、次々と私のゴミ袋にゴミを入れ、後ろに列を作っていきます。私の視界に入っている子どもが減ってきました。中には、ゴミを1つも拾っていないのに、私の後ろに並ぼうとする子もいます。その子を見逃してはいけません。

「君はまだですよ。早くゴミを拾いましょう」

とすかさず注意します。

やっと全員のゴミ拾いが終わりました。子どもたちは、すでに私の後ろに1列に並んでいるので、帰りはスムーズです。必要に応じて2列に並び直させるなどして、帰路に就きます。

その他にも、次のような方法があります。

クラスを2つか3つのグループに分けます。そして、こう言います。

「今からゴミ拾いをします。グループに1つゴミ袋を渡します。集まれの合図までに集めたゴミが多い方が勝ちです。自分の学校の分だけでなく、この公園に落ちているゴミをできるだけたくさん集めましょう。よ〜い、スタート！」

そして、「集まれ〜」の合図の後、一番多かったグループを勝ちとします。ご褒美は、先生のすぐ後ろに並ぶ権利です。子どもたちは、意外と喜ぶものです。

この方法は、ゴミ拾いだけではなく、草抜きなどにも使えます。

(3) 掃除場所のゴミ箱

掃除場所には、必ずゴミ箱があります。校舎を回っていると、ゴミが一杯になりゴミ箱からあふれている光景をよく見ます。若い時の私もそうでしたが、教師はこう言います。

「ゴミが一杯になったら捨てましょう」

しかし、子どもたちは教師の上を行きます。ゴミが一杯でなければ捨てなくていいので、ゴミがあふれそうになると、上から手や足でゴミを押し込んで「一杯じゃない」状態にするのです。これはすなわち、子どもたちに解釈を委ねてしまっている言葉です。

子どもたちがきちんとゴミを捨てるような明確な指示はないかと考え、このような方法を思い付きました。

「金曜日には必ず捨てましょう」

掃除当番の場所は、１週間交代にしています。金曜日はその週の最後の日です。そして、次のことも付け加えます。

「月曜日の掃除の人は、掃除場所に行って、ゴミが捨ててなかったり、ほうきが足りなかったり、折れていたりした時は、すぐに先生まで言いに来ましょう。それは、前の週の掃除当番の責任であり、あなたたちの責任ではありません。しかし、それに気付かずに掃除を続けた場合は、たとえ途中で気付いても、その週の掃除当番の責任になります」

こう指示すると、金曜日にはゴミを捨てざるを得ません。また、掃除道具箱もきちんと整頓します。月曜日になり、新しい掃除当番が問題を見つけ、言いに来ることが何度もありました。そのたびに、前の週の掃除当番を呼び集め、指導するのです。

2 責任の所在をはっきりさせて子どもを動かす

(1) 個人の責任

子どもたちは、ボールなどの片付けにあたって、問題を起こすことがよくあります。

・ボール活動をした後、使ったボールがそのまま置かれていて、誰も片付けない。
・休み時間に運動場で遊んでいた子どもたちが、チャイムが鳴ってもなかなか入ってこないと思ったら、片付けでもめていた。
・理科の実験の後、誰が片付けるか決まっていないため、実験道具が戻ってこない。または、机の上に置きっぱなし。
・給食当番の子どもが片付けをしないで遊びに行った。

また、職員室にいると、時にはこんな場面に遭遇することもあります。

リレーのバトンを持った子どもたちが入ってきました。しかし、何も言わずにその場に立っています。

「何か用事ですか？　何をしに来たのですか？」

「先生に職員室に持っていきなさいと言われました」

どうやら、体育の授業の後、教師にバトンを片付けるように言われたようです。しかし、どこに置くのか、誰に聞けばいいのか分からずに立っていたのです。

私は、学級経営においては、「持っていった本人が必ず返す」ということを徹底しています。そうすると、先に挙げたような事態は必ず防げます。

元気印で発言力のある子どもたちは、ボールを一番に持っていき、遊びに夢中になります。しかし、遊びに飽きた、遊びが終わった時には、ボールは邪魔なものになります。そこで、このような子どもたちは、ボールの片付けを他の子どもに命令したり、押し付けたりするのです。片付けるように言われた子どもたちは、自分が持ってきたわけではないので、それほど責任を感じません。また、どこから持ってきたのか分からないから、適当な片付けをするのです。

子どもたちが休み時間に遊びに行きたいのに、ボールがないともめています。そんな時、私は次のように言います。

「さっきの休み時間にボールを使って遊んだ人は誰ですか？」

子どもたちが手を挙げます。

「では、その時にボールを持っていったのは誰ですか？」

子どもたちの視線が、ある子に集まります。

「君かな？　ボールを持って出たのは。先生はいつも言っていますね。持っていった人が必ず返しましょうと。ボールを返すのは君の責任ですよ。探しに行きましょう」

また、理科の実験器具の準備においても、役割分担を子どもたちに任せると、発言力のある子どもは、面白そうな実験器具を選んで持ってきます。それを独り占めして、片付けは他の子に押し付けるということもあります。

そのような事態を避けるために、新年度が始まったばかりの時は、グループごとに一人一人番号を割り当てて、仕事をさせるようにします。

「1番の人は、カセットコンロを持ってきましょう」

「2番の人は、500mLビーカーを1つ持ってきましょう」

という具合です。子どもたちが慣れてきた頃に、何を持ってくるかは、グループで相談させます。しかし、「持ってきた人が片付ける」は徹底させます。

さらに、理科の実験器具を片付ける時には、置いてあった位置にも注意を払います。実験で、カセットコンロを班で1つ使用したとします。授業の終わりには片付けを始めます（片付けは休み時間にさせる教師もいますが、私は片付けが終わるまでが授業時間だと思っています。片付けが終わった時にチャイムが鳴るのが理想です）。

どの班も片付けを終えた頃に、カセットコンロが置いてあるところを見に行きます。そして、子どもたちに向かって次のように言います。

「カセットコンロを片付けた人は立ちましょう」

さらに、次のように言います。

「先生は今見てきましたが、1台だけ置いてある向きが違います。誰ですか？　直してきましょう」

ほとんどの子どもたちは「えっ！」と驚いた顔をします。そんな細かいことまで指摘されるとは思わなかったのでしょう。

しかし、このように細かく指摘することによって、担当した子どもは責任をもって返さなければならないことを自覚し、向きまできちんと揃えて片付けるようになります。

(2) みんなの責任は無責任

これはよく言われる言葉ですが、子どもたちを相手にしていると本当のことだと実感します。クラスの子どもたち全員に向かって指示したことは、なかなか守られません。

例えば、大掃除で「黒板が汚れていますから、しっかり掃除しましょう」と言っても、きちんと掃除されていることは、まれです。

私は、大掃除の時も、誰がどこを掃除するか、一人一人の担当をきちんと決めます。終わった後に、しっかり掃除できていなかったり、道具がきちんと片付けられていなかったりした場合に、誰の責任なのかをはっきりさせるためです。

みんなの責任ではなく、個人の責任を追及するための効果的な言い方があります。

①体育館では「早く終わりましょう」より「最後の人、鍵をかけるように」

今まで私の勤めていた学校のほとんどは、体育館の出入り口の鍵は普段かかっていて、体育などで使用するたびに開け閉めしなければなりませんでした。正直面倒くさいと思ったこともありますが、元気印の子どもが多い学校に勤めた時、この方法が正解なのだと実感しました。子どもたちは、教師の目の届かないところでいろいろなことをしでかしてくれます。体育館がいつも開放されていると、休み時間や放課後にそこに入り込んで、良からぬことをするでしょう。学校には、教師の目の届きにくい、いわゆる教師の死角になる場所は、少なければ少ないほどよいのです。

私は、体育館での授業後、子どもたちと一緒に残っていたことがあります。休み時間が少し長い時や、4時間目に授業があった時です。4時間目の後は給食なので、給食当番は早く教室に戻って、給食の用意をしなければなりませんが、給食当番以外の子どもは一緒に戻る必要はありません。

「先生、体育館に残って、ちょっとだけ遊んでいい？　きちんと片付けるから」

そうは言っても、子どもたちだけを放っておくわけにはいかないので、私も体育館に残って、一緒に遊んだり、様子を見たりします。そして、もう休み時間が終わりかける頃、子どもたちに言います。

「もう時間がないから、片付けましょう。教室に戻りますよ」

しかし、遊びに夢中な子どもたちはなかなか片付けません。

「早く、体育館から出ましょう。終わりです」

子どもたちは、焦っている私を見て楽しんでいるかのように、なかなか言うことを聞きません。

「早くしないと、次はもう遊べないようにするよ！」

と叫ぶと、しぶしぶ片付けを始めます。

子どもたちと体育館に残っていた時は、そんなことの繰り返しでした。

その日も、全く同じ光景が繰り返されていました。私は体育館の出入り口の外から、中にいる子どもたちに向かって言いました。

「もう終わり。そうでないと次の授業に間に合わないよ」

こう叫ぶ私を尻目に、子どもたちはまだ遊んでいました。

「終わりましょう。教室に帰りますよ」

と何度も呼びかけましたが、子どもたちはなかなかやめません。

堪忍袋の緒が切れた私は、その時、手に持っていた体育館の出入り口の鍵を中に投げ入れて、次のように言い放ちました。

「最後の人はきちんと鍵をかけてくるように。先生は行きます！」

その瞬間、中で遊んでいた子どもたちが脱兎のごとく、体育館の出入り口めがけて走ってくるのです。私はあっけにとられました。次々と「セーフ！」と言いながら体育館から出てきます。そして、最後になってしまった子どもが「あ〜あ」と言って、がっかりした顔をしました。間に合った子どもたちは、うれしそうです。最後の子どもがしぶしぶ戸締まりをする様子を、他の子どもたちは満足そうに見ています。私があれだけ「早く出ましょう」と言っても全然動かなかった子どもたちが、「最後の人は、鍵かけ」の一言で急に動いたのです。

それまで、子どもたちは「どうせ、最後は先生が戸締まりする」と思っていたからこそ、平気な顔で遊んでいたのです。しかし、「一番遅い子が戸締まりする」と聞いた途端、「自分がしなくてはならないかもしれない」という考えが頭をよぎりました。そして、「戸締まり作業」→「責任」→「鍵を職員室まで持っていかなければならない」→「面倒くさい」などのいろいろな思いが子どもたちの頭に浮かび、われ先に体育館の出入り口に殺到

する、先ほどの行為に至らせたのです。私は気付きました。「そうか。全体に言うのではなく、誰か1人に責任が降りかかるようにすると、子どもたちは動くのだ」。このような方法を利用しない手はありません。

②プールでは「早く出ましょう」より「最後の人には仕事をあげます」

水泳の授業が終わり、子どもたちに「早くプールから出ましょう」と声をかけます。しかし、子どもたちは、ふざけ合っていたり、わざとゆっくりしたりして、少しでも長く水につかっていようとします。そうしたい気持ちも分かるのですが、許すわけにはいきません。こんな時の効果的な言い方は、「早く出ましょう」より「一番遅い人には、仕事をあげます」です。

プールで水泳指導をしている光景を思い浮かべてください。子どもたちが水から出る時間になりました。教師は笛を吹いて、次のように言います。

「時間になりました。早く出ましょう」

ところが、子どもたちは水をかけ合っていたり、泳いでいたりして、なかなか水から上がりません。よくある光景です。教師は、なかなか出てこない子どもたちに苛立ち、「早く出ましょう」と繰り返します。

私なら、ハンドマイクを持ち、次のように言います。
「時間になりました。早く出ましょう」

しばらく様子を見てから、子どもたち全員に聞こえるように言います。
「さあ、誰が一番遅いかな。先生は見ていますよ」

そして、プールの中にいる子どもたちに近寄っていきます。

すると、子どもたちは、一番遅い子は叱られるのか、何か仕事を言いつけられるのかと疑心暗鬼になり、次々とプールから出てきます。

それでも出てこない時には、
「さあ、一番遅い人には仕事をあげようかな」
と言います。子どもたちは一番遅くならないように、大急ぎで出てきます。ただし、仕事と言っても、軽いビート板を数枚運ばせる程度です。負担が重いことをさせる必要はありません。しかし、他の子どもたちに見えるようにするのが肝心です。次からはもっと早くプールから出るようになります。

「早く出ましょう」だけだと、全員に言っているのですから、聞いている子どもたち一人一人は、自分のことだとは思っていません。「みんなもまだ遊んでいるから平気」と安心しています。

しかし、「さあ、誰が一番遅いかな」となると、様子は違ってきます。自分に何かが降りかかってくるかもしれないのです。そうなれば、慌ててプールから上がってきます。

この方法は、他の場面でも利用できます。一番横着な子どもに仕事が降りかかる仕組みなので、不公平感も生まれません。

(3) グループで責任を分け合う

約束を守れた、提出物が全員出揃ったなど、グループで何か達成できた時に、「良いこと貯金」をします。これは、低学年の子どもたちに有効な方法の1つです。

・びんにビー玉をためていく。

・折り紙の花丸（金色・銀色）を貼る。

このようにして、5つたまったら、全員遊びやクイズ大会などの楽しい催し物ができるということにします。

また、中学年以降になると、授業の準備や片付けにグループで責任を取らせることがあります。

理科や図工の授業の始めや終わりに、次のように言います。

「全員、準備ができたら、先生に言いに来ましょう。点検します。合格したグループから始めてよろしい」

「きれいに片付けができた班は、先生に言いに来ましょう。点検します。合格したグループから休み時間にしてよろしい」

時には、一日の授業が終了した後、

「帰りの用意ができた班は、先生に言いに来ましょう。点検します。合格したグループから帰ってよろしい」

と言って、子どもたちを班ごとに帰すこともあります。

こういう場合、遊んでいて話を聞いていない子どもは、すぐに準備ができません。すると、そのグループ全体が困ります。他の子どもに急かされたり、責められたりするので、動かざるを得ません。

しかし、気を付けなければならないことが1つあります。この方法は大変効果があるのですが、あまり使いすぎると、グループ内で決まった子ばかりが責められる危険性があります。その子が馬鹿にされたり、嫌われたりして、グループ内で孤立するようなことは絶対に避けなければなりません。遅くなりがちな子には、教師が前もってその子に寄り添い、手伝うようにします。また、ちょっとゲーム化したり、たまに気分転換に使ったりして、あまり深刻にならないように注意します。

このように、子どもたちは自分に関係ないと思っているうちは、なかなか動きませんが、責任が自分に降りかかってくると思った瞬間に行動に移します。みんなの責任ではなく、個人個人に責任が降りかかるようにすることが大切です。

3 「大坂の陣」でももめごとを解決する

「大坂の陣」と言えば、豊臣氏が徳川氏に滅ぼされた戦いです。この時に徳川方が戦略として大坂城の堀を埋め立てたことが、「外堀を埋める」という言葉の語源になったと言われています。

私は子どもたちのもめごとを解消するために、この「外堀を埋める」方法を使います。

高学年を担任する時、気になることの1つとして、女の子への対応の難しさがあります。この時期の女の子はグループを作り、しばしばそのグループが反目し合います。そうなると、教師にとっても頭の痛い問題になります。

「先生、○○さんたちがにらんできた」

「先生、あっちのグループが、意地悪をしてきた」

などと様々に訴えてきます。1つのグループの話ばかりを聞いていると、他のグループから「先生はあっちのグループばかり味方する」とえこひいきのレッテルを貼られてしまいますので、注意が必要です。

高学年の女の子は、私の経験から、およそ3つのグループに分けることができると思います。

A：成績の良い子どもたちのグループ

B：ちょっと目立つことや派手なことをしたい子どもたちのグループ
C：おとなしい子どもたちのグループ

例えば、クラス内にAグループが1つ、Bグループが2つ（B1、B2）、Cグループが1つとなる場合があります。

B1グループとB2グループの間でもめごとが起こったとします。B1グループが、「B2グループから意地悪をされた」と訴えてきました。教師は、B1グループから詳しい話を聞き、次にB2グループに確認します。すると、B2グループは「いやいや、先に始めたのは向こうだ」と反論します。そう言われると、またB1グループに確認に行かなければなりません。まるで、動物か鳥かと問われたコウモリのように、2つのグループの間を行ったり来たりさせられて、それでも解決しません。

私も、振り回された経験が何度かあります。若い頃は、女の子たちがもめごとを起こすと、どのように扱っていいのか困ったものです。

このような時に、この「大坂の陣」の方法を用います。B1グループとB2グループがもめた場合、私は、まずCグループの女の子たちを内緒で集めて、話を聞きます。

「○○さんたちと△△さんたちがもめているみたいだけれど、何か知らない？」

なぜ全然関係のないCグループに聞くのか、疑問に思うかもしれません。

なぜなら、Cグループの子どもたちは、意外と他グループのことをよく知っているからです。一番おとなしい子どもたちですから、AグループやBグループの子どもたちの行動や様子をいつもしっかり観察しているのです。

そこで、まず、

「君たちに聞いたということは誰にも言わないから」

と、念を押して安心させます。この時、教師が信頼されていないと有力な情報は得られないでしょう。

「先生、本当は○○さんが…」

「それで、今度は…」

Cグループの子どもたちは大変役立つ情報をくれました。

次に、これまた関係のなさそうなAグループのところに行き、同じように聞きます。

「○○さんたちと△△さんたちがもめているみたいだけど、何か知らない?」

「君たちに聞いたということは誰にも言わないから」

ここでも、新しい情報を得ることができました。どうやら今回のもめごとのきっかけは、先に訴えてきたＢ１グループのようです。これで、外堀を埋めることができました。

次に、Ｂ２グループに聞き取りをします。ものすごい勢いで、Ｂ１グループのことを訴えてきます。今回の全容が分かりました。これで、内堀も埋めることができました。

最後に、本丸であるＢ１グループを集めます。まず、子どもたちの言い分を聞きます。

「〇〇さんが、意地悪をしてきて…」

そこで、私が言います。

「えっ、その前にこんなことしてないか？」

「でも…」

「おかしいな。先生が聞いている話と違うけれど」

と、集めた情報と照らし合わせていきます。この年頃の子どもたちは聞いてほしいという気持ちが強いですから、決して怒ったりはしません。十分に話を聞いてあげてから、最後は、おかしなところはおかしいと諭します。

先ほども述べたように、若い頃は女の子たちのもめごとの処理には、何度か手を焼いた覚えがありますし、いじめに発展しないかと大変心配したものです。しかし、その時期を過ぎると、何ごともなかったかのようにクラスが落ち着いてくるのも経験しました。これは女の子たちにとって、通過儀礼のようなものなのです。

そのようなことが分かってくると、もめごとが始まっても、余裕をもって対処できました。「いじめ」に発展することのないよう十分に気を付けながらも、「これも彼女たちにとっては人生経験だ」と成り行きに任せたところもありました。教師は神経質になりすぎず、冷静に対処することが大切です。

この「大坂の陣」は、もめごとの対処法として、とても有効です。まずは外堀から聞き

取りをすると、子どもたちに振り回されることなくスムーズに問題を解決できます。

4 褒めて褒めて主体性を引き出す

これは、低学年、特に入学したての1年生に有効な方法です。

学校生活に興味津々の1年生は、保護者から「1年生になったら、勉強頑張るのよ」とか「1年生なんだから、しっかりね」などと言われているので、やる気も満々です。そこで、何か良いことをした子を見つけたら、褒めて褒めて褒めまくります。他の子どもが羨ましく思い、僕も私も褒めてもらいたいと思うくらいに褒めるのです。

例えば、誰かが給食の時に牛乳をこぼしました。子どもの中には大変機転がさいて、さっと雑巾を取り出して、拭きにかかる子どもがいます。そこを見逃さず、

「えらい！　よく気が付いたね」

と褒めます。すると、褒めてほしい子どもたちは、それを聞いて雑巾を持ち出し、大勢で拭きにかかります。その子たちも全員褒めます。

また、ある時は、授業を始めようとして、職員室に忘れ物をしたことに気付きました。子どもたちの前で、

「あれ？　職員室にプリントを忘れてきてしまった…」

と言うと、

「先生、僕が持ってきてあげようか？」

と、これまた気のきいた子が発言したとします。教師はすかさず、

「えらい！　人が困っている時に助けることのできる子は、とても優しい子だね」

と褒めます。すると、それを聞いた子どもたちが口々に、

「先生、私も行けるよ」

「僕も行く！」

と言ってきます。荷物が多くて１人では難しい時には、他の子にも頼みますが、１人で十分な時には、

「では、最初に気付いた○○さんにお願いします」

と言い、初めに気付いたことの価値を認めます。

価値のある行為をした子どもが褒められていると、褒めてもらえない子どもは焦ってきます。褒めてもらいたいがために、何か良いことをしよう、先生に褒められることをしようと自ら探すようになります。

この時に、教師が気を付けなければならないことが1つあります。中には、動き出すのが遅かったり、タイミングが悪かったりして、なかなか褒めてもらう機会が巡ってこない子どもがいるのです。そういう子どもには、教師の方から意識してチャンスをあげるようにします。

ただし、いつもにこにこと褒めているわけではありません。子どもが悪いことをした時は厳しく叱り、優しさと厳しさのギャップを見せます。このギャップが、悪いことをさせない抑止力となるのです。

また、最近はちょっとしたことでも、すぐにかっとなる子どもが増えてきたように感じます。

ある日、気に入らないことがあって、机をひっくり返して暴れ、友達を殴った子どもがいました。興奮している時は何も耳に入らないので、興奮が冷めてから、その行為に対して叱りました。しばらくして、また気に入らないことがあり、机をひっくり返して暴れましたが、今回はちょっと我慢して友達は殴りませんでした。机をひっくり返して暴れるのは、決して褒められたことではありませんが、明らかに前回よりも進歩しています。

興奮が冷めてから、その子と机を一緒に片付けながら、話をしました。もちろん、机をひっくり返して暴れたことは叱りましたが、友達を殴らなかったことに対しては、褒めました。こういう時こそ、教師は冷静にならなければなりません。子どもと同様に興奮したり、感情のままに怒ったりしてはならないのです。

気になる子どもは、本来褒められることが少ない子どもです。だからこそ、以前よりちょっとでも進歩したことを見つけたら、見逃さずに褒めます。褒めて褒めて、後には戻れない状態に追い込むのです。

COLUMN 3

伊勢市立東大淀小学校の思い出

長い教員生活の中でいろいろな学校に勤務しましたが、特に印象に残っているのが、海沿いにあった伊勢市立東大淀小学校です。この学校には、独自の取り組みがたくさんありました。

○ノーチャイム

授業の始めと終わりのチャイムを鳴らしません。時計を見て自ら行動する子どもを育てるためでした。ノーチャイムを始めた当初は、時計を読めない低学年の子どもたちがきちんと教室に入ってくるか心配でしたが、時間になると子どもたちは教室に戻ってきました。それは「針が4の字に来たら、教室に入る」と、低学年にも分かるように教師が指導したり、時計が読める他の子どもに教えてもらったり、また、時間に気付いて教室に戻る高学年に促されたりしたためでした。もちろん教師の方も時間が来たら、授業を終わらせます。

大幅な授業延長はしません。校内の雰囲気はとても静かで穏やかでした。

○「教師のきまり」

職員会議で、子どもたちが守らなければならない「学校のきまり」を議論していた時に、教頭先生が「子どもたちだけにきまりを作るのはおかしい。教師もみんなで守る『教師のきまり』を作ろう」と言い出したのです。例えば、次のようなきまりを作りました。

・授業中に子どもたちと廊下を移動する時は、他のクラスの迷惑にならないように教師の責任で静かにさせる。

・職員室で子どもを叱らない。職員室に呼び付けられた時点で、子どもは萎縮してしまう。

・職員会議での議論はどれだけしてもよいが、職員会議で決定したことは必ず守る。

○時間割に「総合学習」

「当たり前じゃないか」と思われるかもしれませんが、現在の「総合的な学習」が導入される10年も前のことです。

○運動会で「野外劇」

運動会では体力・技能などの運動能力を競う種目が多い中、「運動文化」を取り入れようと始まりました。全校児童で1つの劇をつくり上げるのです。学年により役割がありま す。担任は割り当てられた役の衣装も考えなければなりませんでした。当初の演目は、イソップ物語などから選んだものでしたが、徐々に地元の言い伝えや総合学習の内容を取り入れた創作劇に変わっていきました。

「守ろう海の命」という作品は、みんなで海をきれいにして、地域の龍神の力を蘇らせようという話でした。低学年は、魚などの海の生き物の役、中学年は、海のきれいだった頃に地域で行っていた地引網の再現、5年生は海を汚す赤潮怪獣の役、6年生は龍神の役でした。私は当時5年生を担任していたのですが、管理職から「30人で赤潮怪獣を作りなさい」とか、「赤潮怪獣の衣装も考えてください」「赤潮怪獣の歌も作りなさい」などの無茶ぶりがありました。まだ20代だった私は、必死になって考えたものです。

○自主編成の教科学習

「教科書を教える」のでなく、子どもたちが達成する目標のために、分かりやすい教材や地域の教材を探して、工夫した授業づくりをしていました。

CHAPTER

「追い込む」時に気を付けること

学習指導と生活指導、それぞれの「追い込む」コツを述べてきました。

最後に、それらを実行する上で、気を付けたいことも紹介しましょう。学習指導と生活指導、両方に共通することです。

子どもたちを「追い込む」指導が、間違っても子どもたちを「追い詰める」指導にならないよう、教師は十分に注意する必要があります。

1 いつも同じことをしない

(1) 画材の変化

私が若い頃の話です。コラムでも紹介した東大淀小学校での出来事です。出入りの文房具屋さんが注文を取りに学校に来ました。私は絵を描くための画用紙が切れているのを思

い出し、

「四つ切りの白い画用紙、一包（100枚）ください」と注文しました。

　それを聞いていた教頭先生（ベテランの図工教師）が、

「楠木先生、そんなに注文してどうするつもり？」

と言ってきました。

　私は、心の中で『えっ！　絵を描くのに決まっているじゃないか。教頭先生は、何を言っているのだろう…』と思いましたが、言えずに黙っていました。

　すると、教頭先生は続けて言いました。

「まさか君は、図工の時間に、毎回毎回、同じ白い画用紙を配って絵を描かせているのではあるまいね。子どもたちには変化を与えないとダメだよ。今回は色画用紙を使う、今回は白表紙の裏を使う、というように画材も変化しなくちゃ。同じ絵の具でも、薄めて使う、濃くして使う、などといろいろな使い方や描き方がある。毎回変化すると、子どもたちも『次の図工は何かなあ』と期待する、楽しみになる」

　私は文房具屋さんに小さな声で
「さっきの注文、取り消してください」と言いました。

この教頭先生は、少し怖くて煙たいところがあるのですが、図工の苦手な私にとってはありがたい存在でした。「教えてください」と言うと、何でも教えてくれます。さらに、おっしゃることの一言一言が理にかなっていて、うなずかざるを得ないのです。

他にも本当にいろいろなことを教えてくださったのですが、これ以後「同じことばかり繰り返していないか」というのも、私の教師業を見直す1つの視点になりました。

(2) 背の順

「背の順に並びなさい」

日本中の教師がよく使う言葉の1つでしょう。整列させる時に便利な方法です。

ある日、遠足に出発するので、子どもたちを運動場に並ばせていました。私が

「背の順に並びなさい」

と言うと、

「え〜。いつもいつも背の低い人が前でつまらない」

と子どもが言いました。そこで、

「じゃあ、今日は背の高い人が前に来なさい」

と言うと、前に並んでいた背の低い子どもたちから、

「やったあ」

と歓声が上がりました。さらに、予想外だったのは、後ろにいた背の高い子どもたちも喜んで前に来たことです。理由を聞いてみると、「前に来てみたかった」「一番前で歩きたい」「先生に近い」「前だと説明がよく聞こえる」と様々な意見があります。

この日は、目的地までの休憩ごとに、「背の低い人から」「背の高い人から」などと並び方を変えながら歩きました。そして、帰りも同様に並び方を変えながら戻ってきました。

それまで私は、背の高い子どもは、自分の高さに満足していると思い込んでいました。しかし、それは大人の価値観にすぎず、子どもには子どもなりの価値観があるのです。

この日から、並び方をいろいろと変えてみました。運動場へ移動する時、音楽室などの特別教室へ移動する時、野外観察に出かける時など、様々な並び方を試してみました。

「いつもの背の順」

「背の高い人から」

「生まれが早い人から」

「生まれが遅い人から」

「出席簿順に」
「準備のできた人から」

ある日、どの並び方がいいかなと思っていた時に、ふと思い付いて次のように言いました。

「今日は、カッコいい順に」

子どもたちは、思いがけない私の指示に「え～！」と言って、後ずさりしました。男女ともに後ろに固まってワイワイ騒いでいます。そのうち1人の男の子、元気印のD君が

「俺、カッコいいから1番！」

と名乗りを上げて前に来ました。すると、

「じゃあ、俺が2番かな」

と言って、次の子が並びました。男の子たちは次々に並ぶことができました。一方、女の子たちは、まだ後ろで固まっています。

「女の子たちは、いつもの背の順でいいよ」

と言ったら、すぐに並ぶことができました。

後で、子どもたちに言いました。

「先生が『カッコいい順』と言ったから、みんな困ってしまったと思うけど、真っ先に名乗り出たD君はえらいと思う。恥ずかしがったり、遠慮したりして、なかなか前に出られるものではないよね。そんなときに、自分に自信をもって前に出られるということは素晴らしいことだよ」

とみんなの前でD君を褒めました。

(3) 一日のめあて

いつも同じことをするというのは、子どもに安心感を与える一方で、マンネリにもつながります。子どもたちが慣れていないうちは、同じパターンを繰り返して子どもたちに覚えさせたり、安心させたりする必要もあるでしょう。でも、慣れてきた頃には、あえて変化を与えるのが効果的です。

特に私が気になるのは、「朝の会・帰りの会」や、その時に決めている「一日のめあて」です。「朝の会・帰りの会」は、どのような目的でやっているのでしょうか。「この学校では、みんながやっているから」「学校では、やるものだと決まっているから」「特に疑問も感じないでやってきた」などの答えが多いのではないでしょうか。

次のようなことを試してみたことがあります。

朝の会で子どもたちが「一日のめあて」を決めました。帰りの会では「めあての反省」をします。私は、その直前に、

「みなさん、後ろを向きなさい」

と言いました。子どもたちは、怪訝な顔をして後ろを向きます。

「今日のめあてを言える人は、手を挙げなさい」

数人の子どもたちが自信なさそうに、そうっと手を挙げました。

「これだけですか？　では、前を向きなさい」

子どもたちは、黒板の端に書いてある一日のめあてを見て、「ああっ！」とか「そうだった」と声を上げています。ほとんどの子どもが、めあてを覚えていなかったのです。ちょっと意地悪な方法でしたが、いかに無意識に生活していたのかが分かりました。

一日のめあてというのは、「今日は、このことを心がけて生活しよう」と注意するものです。しかし、子どもたちは、朝の会で決めためあてを、帰りの会の時に改めて思い出し

ているのです。つまり、朝にめあてを決めておきながら、一日中忘れてしまっているのです。

そのようなめあてに意味はあるのでしょうか。振り返ってみると、日常の生活や授業の中には、惰性や習慣で行っていることが意外と多いものです。

2 「分かりましたか？」で済ませない

教師の口癖というか、よく言ってしまう言葉の1つに「分かりましたか？」があります。課題が済んだ時、何かのキリがついた時、あるいは授業の終わりなど、つい口に出してしまうことはありませんか。

正直言うと、私もつい「分かりましたか？」と聞いてしまいます。

その時に、「ここが分からない」とはっきり言える子どもがいたら、たいしたものです。

その子どもは、自分が理解しているところと理解していないところを、きちんと整理できているからです。私は「先生、ここが分からない」とはっきり言える子どもがいると、うれしくなります。子どもたちが理解しているかどうかを確認したいのなら、小テストなどの方法を取らなければなりませんが、子どもが自己申告してくれれば、そのようなことをしなくても済むからです。私は、子どもが「○○が分かりません」と言ったら、「どこだ、どこだ」と喜んで聞いてしまいます。

しかし、ほとんどの子どもは、教師にこう聞かれると、分かっていようがいまいが、うなずいてしまうものです。そして教師も、本当に理解しているかどうかを確認するよりも、「先生はきちんと教えたぞ」と念を押すために、「分かりましたか？」を使っているということはないでしょうか。

教師が形ばかりの「分かりましたか？」を使っていると、子どもたちは分かっていなくてもうなずくようになってしまうのです。私は、本当に理解しているかどうかを徹底的に確認して、子どもたちを逃がしません。

では、子どもたちが本当に理解しているかどうかを判断できる簡単な方法をお教えしましょう。

人間が本当に理解した時は、「納得した」とか「腑に落ちた」という感覚を抱きます。子どもたちを見ていると、納得した時には目を見開き、うなずきます。中には「あっ！」とか「あ～」と声を上げる子どももいます。そのような子どもの様子も判断材料になります。

さらに、本当に理解できた時は、その事柄が頭の中に入り、知識の1つとして蓄えられます。そして、既知の事柄と結び付き、共通点や差違点が認識されます。ですから、本当に理解できたこと＝「わかったこと」は、別の言葉で言い換えができるということになります。この点も、理解しているかどうかの判断材料になるのです。

例を挙げましょう。

「つばめのひなは、目があいていません」という一文があるとします。

ここで、

「つばめのひなの『目があいていません』って、どういう意味ですか」

と子どもたちに聞きます。まず挙がるのが、「目が閉じている」とか「目がふさがっている」という表現です。

そこで、子どもたちに聞きます。

「目が閉じている、目がふさがっている、これを他の言葉で言えませんか？」

するど、子どもたちはしばらく考えた後で、

「目が見えない」

と答えます。このように、本当に理解できていれば、他の言葉で言い換えることができるのです。私は、この方法をよく使います。子どもたちが本当に分かっているのかを確認したい時には、

「他の言葉で言えますか」とか

「自分の言葉で言い換えてごらんなさい」

と言います。そして、子どもが他の言葉で言い換えられた時に、きちんと理解していると判断します。

この「他の言葉で言い換える」方法は、特に国語の意味調べの時に使えます。みなさんは、どのように意味調べを指導しているでしょうか。私は、若い時には、次のような手順を取っていました。

国語の新しい単元に入り、読みを練習します。一通り読めるようになったら、意味調べを行います。

「では、今日は意味調べをします。教科書を読みながら分からない言葉を見つけたら、その横に鉛筆で線を引きましょう。そして、最後のページまで行ったら、分からなかった言葉をノートに写し、辞書を使って意味調べをします」

子どもの知識は一人一人違うのですから、意味の分からない言葉も人によって違うはずです。「意味調べをしましょう」と言えば、子どもたちそれぞれが知らない言葉を探して、辞書でその言葉を調べていくのが当然と思っていました。

しかし、困ったことが起きました。勉強の苦手な子どもは、なるべく線を引かないように引かないようにしているのです。そうでしょう。分からない言葉が多ければ多いほど、辞書を引くという面倒なことが増えるのです。

教科書を覗き込むと、ほとんど線が引かれていないので、

「分からない言葉はそれだけかな？」

と聞くと、

「ない！」

と言い切る子どもまで出てきました。

そのような事態を防ぐために、教師の方から言葉をいくつか示して、全員に同じ意味調べをさせるという方法も考えられるでしょう。しかし、私もいろいろと試してみた結果、最後は次の方法に落ち着きました。


例えば、(1)(2)(3)と大きく3つに分けられる教材を学習するとします。まずは、(1)で意味の分からない言葉探しをします。前日に、私は(1)をしっかり読んで、「子どもたちが最低理解しなければならない言葉」を探して、線を引いておきます。そして、授業に臨みます。

「今日は(1)の意味調べをします。教科書を読みながら分からない言葉を見つけたら、その横に鉛筆で線を引きましょう」(ここまでは同じです)

しばらくしたら、子どもたちに言います。

「それでは、線を引いた意味の分からない言葉を発表してもらいましょう」

「はい」

「では、Eさん」

「○ページ○行目の『とまどう』がわかりません」

「はい、『とまどう』ですね」

と、次々に発表した言葉を黒板の上の方に書いていきます。下の方は空けてあります。最後に子どもたちが板書を写す時、下に調べた意味を書き込めるようにするためです。

板書が増えるにつれて、勉強の苦手なF君の顔が曇っていきます。辞書で調べる言葉がだんだんと増えていくからです。

このクラスのように、真面目な子どもが多く、次々と意味の分からない言葉が挙がってくるのならよいのですが、勉強が苦手であったり、あるいは頭の回る子どもが多かったりするクラスは、意味の分からない言葉がなかなか出てきません。面倒な意味調べの学習を増やしたくないからです。そんな時には、先ほどの「子どもたちが最低理解しなければならない言葉」を出します。

意味の分からない言葉はないと言っている子どもたちに対して、次のように問いかけます。

「では、○ページに『○○』という言葉がありますが、どういう意味ですか?」

子どもたちからは返事がありません。案の定、意味が分からないのです。そこで、

「分からないのなら、調べてもらわなければならないね」

と言って、その言葉を黒板に書きます。子どもたちの顔が曇ります。

意味の分からない言葉が一通り出揃ったところで、こう言います。

「たくさん出たね。これを全て調べると時間がかかってしまうので、この中でみんなに説明できる言葉があれば、辞書で調べなくてもいいことにします」

子どもたちは、「えっ」と驚きながらも、調べる言葉が減ると聞いて、色めき立ってきました。

「はい、『あきらか』が説明できます」

「では、説明してください」

「『あきらか』とは、はっきりしているというか、分かっているということだと思います」

この時に、きちんとみんなに向かって説明しているかという点も見ます。合っている場合は、

「よろしい。合っています」

と言って、黒板の『あきらか』を消します。すると、段々挙がる手が増えてきます。面倒くさい辞書を使った意味調べが減るとなれば、子どもたちもやる気を出します。

しかし、次のような説明には気を付けなければなりません。例えば、「きれい」という

言葉があります。子どもたちは、「きたなくないこと」と答えます。反対言葉を否定する形で示すのです。これは認めません。

「他の言葉で言い換えましょう」

するると、子どもたちは頭をひねって、

「ゴミが一つも落ちていないこと」とか

「ピカピカで光っている」

などと、一生懸命考えて説明します。きちんと説明できている時は、

「これはOKです」

と言って、黒板から消します。

しかし、言葉足らずであったり、しっかり説明できていなかったりした場合は、

「少し違うな。これは調べましょう」

と言って、黒板に残しておきます。判断は厳しくします。子どもたちは、黒板の言葉が消されるかどうかが気になるので、友達の発言をしっかり聞いています。

子どもたちは、最後まで残った言葉をノートに写して、後で辞書を使って調べます。

また、子どもたち全員が分かっているかどうか判断に迷った時は、発表した子以外の子

どもにも、復唱させたり、他の言葉で言い換えさせたりすることもあります。そのため、他の子どももしっかり話を聞いていないと後で困るのです。

しかし、これでは辞書引きの練習が不十分ではないかと思われる方もいるでしょう。確かにきちんと辞書を使って、意味の分からない言葉を調べる練習も大切ですが、授業時間は限られています。私は、「意味が分かること」を一番大切なことと捉え、この点を優先させるようにしています。

意味調べをしていたある日のことです。黒板に書かれた言葉の意味を、子どもたちが次々と説明していき、なんと残りが1つになりました。子どもたちは、これもなくしてしまおうと必死で挑戦を繰り返しますが、わずかに違います。私は、

「ちょっと、違う」

と言い続け、認めませんでした。

「残念だが、調べてもらおうかな」

と言いかけた時、1人の子どもが、

「先生、Gさんが言えるらしいよ」

と言いました。Gさんは読書好きのおとなしい女の子です。友達に発表するように促され

ていますが、今一つ勇気が出ないようです。

「おい、G、言えよ！」

　元気印のH君が、Gさんに命令しました。しかし、Gさんはまだ戸惑っています。みんなが、

「Gさん、言ってよ」

と言いましたが、Gさんは答えません。ついにH君も、

「Gさん、お願いだから言って」

と懇願しました。さっきまで呼び捨てだったのに、「さん」付けで、さらに「お願い」まで付きました。

Gさんは立ち上がると、ついに重い口を開き、

「○○という意味だと思います」

と答えたのです。ドンピシャではありませんが、ニアピンです。私は、

「う～ん」

と言いながら、黒板の方を向いて、黒板消しを持ちました。さらに、

「う～ん」

と言って、悩んでいるふりをしながら、黒板消しを高く上げました。私の一挙手一投足を子どもたちが注目しています。子どもたちの視線を痛いほどに感じます。

「よし」

と言って、最後に残った言葉を消しました。その途端に、

「やったあ！」

と歓声が上がりました。子どもたちは口々に、

「ありがとう」

「Gさん、ありがとう」

と言っています。あのH君まで

「Gさん、ありがとう」

と言いました。今までの乱暴な態度はどこに行ったのかというほどの変わりようです。しかし、いつまでも騒いでいるわけにはいきません。

「さあ、次はそういかないよ」

と言って、次のまとまりの意味調べに取りかかりました。

3 話しすぎない

1時間の授業は小学校なら45分、中学校なら50分と標準時間は決まっています。教師が話せば話すほど、子どもの発言する時間は減っていきます。授業中、子どもは聞くだけ。いつしか受け身の授業になっていってしまいます。

また、人は言葉を重ねれば重ねるほど、発言を言い換えるので、当初の意図が変わってしまうことがあります。教師が話しすぎると、かえって子どもに、授業のねらいが伝わりにくくなる危険性もあるのです。

授業中、一生懸命説明して、問いかけを繰り返すけれど、子どもの発言が少ないと言って怒る教師がいます。一言言ったら、しばらく待つ。この心構えが欲しいものです。

授業中に話しすぎていないかどうかを確認するには、授業記録を取ることをおすすめします。1時間の授業を録音して、文字に起こすのです。いかに教師が授業中に話しすぎているか、いかに多くの無駄な発言や発問をしているか、痛いほどに分かります。きっと恥ずかしくなることでしょう。

4 理想ばかりを追い求めない

教師は、子どもたちに対してついつい無理な要求をしてしまいがちです。私の言う「追い込む」指導は、子どもに無理難題を押し付けて追い詰めることではありません。むしろ、余計な要求はせずに、本当に必要なことだけを明確に指示することが、「追い込む」指導のポイントと言えます。


例えば、遠足に行った翌日に作文を書かせる時、次のように言ってしまいませんか。

「作文を書く時は、よく思い出して、丁寧な字で、習った漢字はできるだけ使いましょう」

私も、昔はよく言っていました。しかし、この中には子どもへの要求が3つ入っています。

1．よく思い出す。

2．丁寧な字で書く。

3．習った漢字はできるだけ使う。

作文を書くという本来の目的なのに、それ以外の要求が多いと、子どもはやる気をそがれてしまいます。特に、3の「習った漢字はできるだけ使う」というのは、子どもたちには難関です。

私は、子どもへの要求をできるだけ少なくします。「1．よく思い出す」は、作文を書くために大切なことなので、これはきちんと伝えます。「2．丁寧な字で書く」は、「あまりに汚くて読めないような字はダメ」とは言いますが、必要以上の丁寧さは要求しません。書写の時間ではないのですから。そして、「3．習った漢字はできるだけ使う」は、伝えません。むしろ、

「作文を書いていて、分からない漢字があったら遠慮なく先生に聞きなさい」

と言います。すると、子どもたちは、

「先生、ゆうえんちの『ゆう』って、どんな漢字だった？」

というように聞いてきます。すると私は、

「はいはい」

と言いながら、即座に黒板に「遊園地」と書きます。質問した子どもはもちろんですが、それを見て気付いた他の子どもも「遊園地」と漢字で書きます。子どもたちが次々に分からない漢字を聞いてくるので、作文の時間が終わる頃には、黒板が漢字でいっぱいになります。

中には、辞書を机の横に置かせて、「分からない漢字は調べなさい」と指導する教師もいます。もちろん、分からない時には辞書を使って調べた方が、漢字を覚えるチャンスになるし、辞書を引く学習にもなります。

しかし、子どもは漢字をいちいち調べるくらいなら、ひらがなで書きます。手間がかかることを、子どもは選ばないのです。また、頻繁に辞書を引く行為によって、思考が途切れてしまうことも考えられます。作文への集中力を保つことを優先させたいのです。

特に理科の授業では、私たち教師は子どもに大変高い要求をしています。ほとんどが初めて行う実験で、初めて使う実験道具で、きちんと結果を出さなければならないのです。

6年では、気体検知管を使った学習があります。教科書には使い方が書いてあり、教師も使用方法を説明します。しかし、実際に使ってみると、思わぬところで子どもたちが戸惑ってしまいます。それは、気体検知管の取っ手を引くのに、思いのほか、力がいることです。気体検知管は空気入れのような形をしているので、一見簡単に引けるかと思うのですが、検知管のガラスの穴が小さく、そこから空気を吸い込むのに力がいるため、思ったよりも重く、時間がかかるのです。中には、ハンドルを引いたものの、逆に引っ張られる力に驚いて、手を離してしまう子どももいます。そんな時は、「離しちゃダメだ!」と教師に叱られてしまいます。

私は、初めての実験器具を使用する時は事前に練習をさせます。気体検知管のように思わぬ反応がある器具の場合は、保管しておいた古い検知管を使って全員に体験させるようにしているのです。

5 教師にも宿題が出る

「宿題」と言うと「教師が子どもに出すもの」ですが、私のクラスでは、時々子どもたちが担任に宿題を出すことがありました。授業中に子どもたちと話し合いをしていると、子どもには調べるのが難しいと思われることがあります。例えば、２年生の算数でL（リットル）やdL（デシリットル）を学んだ時に、子どもがふと、

「先生、プールって、何Lくらいあるのかなぁ」

と聞きました。さすがに、

「宿題です。調べてきなさい」

とは言えないので、

「ふむふむ、それは君たちには難しい。先生の宿題だな」

と答えました。それからが大変です。学校にあるプールの図面を探して、長さ、幅、深さを求め、容積を計算しました。

こんなこともありました。子どもたちから宿題を出されていたのに、放課後に会議があり、うっかり調べるのを忘れてしまったのです。次の日、子どもたちから、

「先生、宿題は?」

と聞かれ、

「あっ、ごめん。忘れていた」

と謝りました。その日の放課後もいろいろと仕事が立て込んで、また調べるのを忘れてしまいました。そして、次の日
「先生、今日はやってきた?」

と聞かれて初めて忘れたことに気付き、子どもたちには平謝りです。

「悪かった。先生はいつも君たちには宿題を忘れてはいけないと言っているのに、先生が忘れるのは情けない。いくら大人でいろいろ仕事があっても、それは君たちも納得できないだろう。明日、先生が宿題を忘れたら、君たちも宿題をなしにしよう」

と宣言しました。子どもたちは大変喜んで、中には
「先生、宿題忘れてもいいよ」

と言う子まで出てきました。

さて、その後すぐに宿題に取りかかり、準備したものを職員室の机の上に置いて帰りました。

次の日の朝、職員室で教員の打ち合わせの後、教室に行く時間になりました。

「今日は忘れずに」

と、準備したものを一旦手に取りましたが、気が変わって机の上に戻しました。宿題をわざと忘れることにしたのです。子どもたちにばかり「宿題を忘れるな」と言って、2日も教師が忘れていては手本になりません。子どもたちに悪い気がして、「1日くらい宿題なしでもいいか」と考えたからです。

何もなかったかのような顔をして教室に入り、朝の挨拶をして、これまた何もなかったかのような顔をして授業を始めました。子どもたちの方を見ていると、何人かコソコソと隣の子と話をしています。多分『先生、宿題忘れているんじゃない？』と話しているのではないでしょうか。そのうち、1人の子どもが、恐る恐る

「先生、宿題は？」

と聞きました。ついに来たのです。私は

「あー！　忘れた！」

短いセリフですが、迫真の演技をしました。そのとたん「わー」という歓声が上がるやいなや、教室は蜂の巣をつついたような大騒ぎになりました。

「やったあ！」

「ラッキー！」

「先生、ありがとう！」

ある子が聞きました。

「先生、今日、宿題なしでしょう？」

「そうだね、約束だからな」

ちょっと苦々しい顔をして言いました。これも、また演技です。中には

「先生、明日も宿題忘れていいよ」

と言い出す子までいました。

しかし、次の日は忘れませんでした。もうできていたから忘れるはずもありませんし、2日続けて宿題なしにもできません。しっかり責任を果たしました。しかし、このことが大きな転機になったのです。

それからというもの、子どもたちは鵜の目鷹の目で、先生の宿題になりそうなものを探してては、質問してくるのです。発表や質問がとても増えました。たった1日宿題をなくした以上の効果があったと言えます。


「先生、○○は何ですか?」

「ああ、それは、○○だ」

「う〜ん、残念」

「何か言ったか?」

「いや、何も…」


子どもたちが質問してくるのは、ほとんど答えられます。しかし、中には調子に乗って質問してくることもあるので、その時は

「先生、○○は何ですか?」

「ああ、それは、君たちでも調べられるから、今日の宿題にしよう」

「ええ〜」


と返り討ちにしました。その後、学年が変わるたびに、宿題をわざと忘れる方法を何度か使いました。

子どもに聞かれて困った質問の中には、次のようなものがあります。

分数の学習で、

「先生、分子と分母の名前は分かったけれど、間の線は何というの？」

一瞬、チョークを持った手が止まりました。

四捨五入の学習で、

「先生、『四捨五入』の他にはないの？」

返事ができません。こういう時は、子どもたちから
「じゃ、先生の宿題だな」

と言われてしまうのです。

子どもたちからの質問には、時々「えっ！」と思うものがあります。

読者のみなさんは、先ほどの答えが気になるでしょう。

「分子と分母の間の線の名前は？」

その当時は、今のようにインターネットですぐに調べられるような環境ではありませんでした。県立図書館、大学図書館まで調べに行っても分からず、数学専攻の友人にも調べてもらった結果、「日本の文献にはない。英語の文献にはbarと出てくる」という回答が

やっとでした。子どもたちには、「日本語の名前はない。やはり線か棒としか言いようがないな」と当時答えたのを覚えています。子どもたちは拍子抜けした様子でした。

今、インターネットで検索すると、すぐに「括線」という言葉が出てきます。しかし、他にも、「正確には『括線』ではないが、すでに定着してしまったので仕方がない」『分数線』でよい」という説があることを付け加えておきます。

「四捨五入以外には？」

実は、他にもあるのです。その中で、子どもたちに分かりやすいと思ったのが「三捨七入」というものです。

「四捨五入」とは

0，1，2，3，4　→　切り捨てて0にする。

5，6，7，8，9　→　切り上げて10にするというものです。

それに対して「三捨七入」とは

0，1，2，3　→　切り捨てて0にする。

7，8，9　→　切り上げて10にする。

4，5，6　→　5にする。これはどういうことでしょうか？

「四捨五入」は、数字を0か10のどちらかにしてしまう極端な方法ですが、「三捨七入」は、数字を0か5か10の3つに分けるという、「四捨五入」よりは細かな分け方です。どうも、それぞれの業界に応じた「○捨○入」があるようです。

6 子どものせいにしない

指示した通りに子どもができなかったり、動けなかったりした時には、子どもに注意をします。その時に、「自分の指示が悪かったのではないか」という考えをもつでしょうか？子どもが教師の指示や話を聞いていなかったら言語道断ですが、大多数の子どもが動けなかった場合は、教師の指示が悪かったと振り返るべきです。

私は、指示のやり直しや注意もしますが、後で、子どもたちが指示通りに行動できなかった原因を探します。そうしないと、次も同じ結果を招くからです。

私が出会った教師の中には、とかく子どものせいにする人が何人かいました。指示に従わない子どもをきつく叱るのです。「私はきちんと言った。聞いていない子どもが悪い」とはっきり言っている方もいました。

また、中には「最近の子どもは、昔とは違って…」と言って、やはり子どものせいにする教師もいます。私も長年教師をしてきましたから、子どもたちが変わってきたことも分かります。しかし、だからといって子どもたちだけのせいにするのでは、何も解決しません。子どもたちが変わってきたのなら、こちらも指導方法を変えないと、進歩しないのではないでしょうか。

教育には「アメとムチ」が必要だということは、昔からよく言われています。「褒めることと叱ることをうまく使い分けるという意味です。では、「アメとムシ」という言葉をご存じでしょうか。

小動物を使った実験があります。丁字路の片方には餌、もう片方には微弱な電気が流れるようになっています。小動物には、うまく進めば餌を得ることができ、失敗すれば電気が流れるようになっています。これが、すなわち「飴と鞭」です。繰り返すことで、道順を学習させるという方法です。しかし、何度も繰り返すと、小動物は岐路に来た時に、すくんでしまうようになります。間違った時の鞭（電流）を恐れるのです。

もう一方の方法では、丁字路の片方に餌を置くことは同じです。しかし、もう片方には何も仕掛けがありません。失敗しても電流は流れません。うまく進めば餌を得ることができ、失敗しても鞭はないということです。これが「アメとムシ」、すなわち「飴と無視」です。実は、この方が早く道順を学習するというのです。

これは、子どもにも当てはまることだと思います。間違ったらきつく叱られるとなれば、行動することを躊躇してしまうでしょう。しかし、間違っても叱られないのならば、積極的に行動できます。間違って恥ずかしい思いや後悔をしているのは子ども自身なのですから、必要以上に叱ることはないのです。無視をすればよいのです。もちろん、わざとやった場合は別ですが。

参考　竹内吉和『発達障害と向き合う』幻冬社ルネッサンス新書　2012
植木理恵『シロクマのことだけは考えるな！―人生が急にオモシロくなる心理術―』新潮文庫　2011

7 名人の授業にだまされない

私が4年生で担任した子どもの1人です。その女の子は、授業中いつも横を向いていて、教師の方や発表している子どもの方を向くことはありません。あまりにも目にあまるので、私が

「きちんと先生の方を向きなさい」

と注意しました。すると、その子どもは不服そうに

「前の先生は、話さえ聞いていたら、どこを向いていてもいいと言っていました」

と答えました。私は

「そうか、君はきちんと話を聞いているんだね」

と確認しました。それから、私は授業中に時々その子を突然指名して、意見を聞いてみました。しかし、ほとんど答えられないのです。私はついに

「前に君は『横を向いていてもきちんと聞いている』と言っていましたね。しかし、先生

が何度指名しても答えられません。これからはきちんと先生の方を向きなさい」とちょっときつく注意しました。

その女の子は頭の良い子どもです。昨年までは、よそ見などをしていても、授業の流れを察知して、時々は挙手して答えていたのだと思います。前の担任は、その子が挙手した時だけしか指名しなかったから、それで済んでいたのだと思います。しかし、私はそうはいきません。手を挙げていなくても意見を求めることがあります。それで話を聞いていない時があるとばれてしまうのです。

確かに名人と言われる先生の授業では、子どもたちが相互指名などを行い、次々と発表して授業を進め、教師は授業中ほとんど話をしません。中には、クラスの中の子どもたちが、一見勝手なことをしている状態に見える授業もあります。しかし、それぞれ子どもたちが授業の目標に合わせて、一人一人が行動していて、決して勝手なことをしているわけではありません。その場だけ参観した普通の教師には見抜けないのです。

授業名人は、4月、5月から教師主導の大変厳しい指導をします。そして、だんだんと教師の出番を減らしていって、公開授業をする秋には子ども主体に授業を進められるようにするのです。多くの教師は、その公開授業だけを見てだまされてしまいます。

先述の東大淀小学校に、授業名人のH先生がいました。秋には、子どもたちだけで授業を進めていきます。研究授業には、クラスのほとんどの子どもが発表します。どの教科でも素晴らしい授業を見せていただきました。

1学年1学級、全校で6学級という小さな小学校なので、人事の事情もあったのですが、そのH先生が3年、4年、5年と3年間続けて持ち上がりをされたクラスがありました。1年でも素晴らしいクラスに仕上げていく先生です。3年続けると、それはそれは素晴らしいクラスになっていました。暗黙の了解で、6年生もH先生が担任するしかないだろうという雰囲気になっていました。他にそのクラスを担任できる教師はいません。保護者も望んでいます。

しかし、3月。H先生が管理職に昇任され、栄転されることがわかりました。先生の実力から言えば当然で、おめでたいことなのですが、困ったのは残された教師たちです。誰かが、その6年生を担任しなければなりません。正直言うと誰も担任したくありません。教師のみなさんなら、気持ちは分かってもらえるでしょう。そして、白羽の矢が立ったのが、当時まだ若かった私でした。若い私でしたら、クラスを台無しにしてしまっても仕方がないと思われたのかもしれません。

4月、確かに素晴らしいクラスでした。授業ではどんどん発言し、何事も進んで取り組む子どもたちでした。しかし、日を経るごとに発言する子どもの数が減っていき、ゴールデンウィークを過ぎた頃には、普通のクラスに戻ってしまいました。

その理由は、私の指導が甘かったからです。子どもたちにも、自分自身にも甘かったのです。後から分かったのですが、H先生は子どもたちに厳しい指導をする半面、ノートに「この考えはとても良い」と書き加えたり、授業後、子どもを呼び出して「あの発言は良かった」とか「良い考えがノートに書いてあったのに、なぜ発表しなかったのか」と聞いたりしていたことが分かりました。

ところが、私はそんな手間暇かけたことはしませんでした。だから、子どもたちは私に対して「この先生はこの程度」と見限って、手を抜いていったのです。

数年後、H先生にこの話をする機会がありました。先生は笑って、次のことわざを教えてくださったのです。

「『下農は雑草を作り　中農は果実を作り　上農は土を作る』という言葉があるが、これを教師に言い換えると『下手な教師はクラスを荒らし、普通の教師は授業を行い　良い教師は子どもを育てる』になるかな」

研究授業などで素晴らしい授業を見た時は、その様子は表層にすぎず、その下に並大抵ではない日々の努力があるのだということを知っておいてください。

8 時々、子どもに負ける

教師が厳しく指導すれば、子どもたちは真剣に取り組みます。しかし、どんなに強いバネでも、思いっきり引っ張れば元に戻らなくなるように、ただ厳しいだけでは子どもたちの集中力は長持ちしません。子どもたちの学習効果を上げるには、厳しさと優しさの両方を併せもった指導が必要なのです。

いつも子どもを追い込んでいる私ですが、時々、逆に子どもに追い込まれることもあります。子どもに負けるのです。

(1) 宿題プリント忘れ

プリントを宿題に出すことは、よくあると思います。教科書の問題も、市販のドリルも終わったけれど、まだ練習が足りない、そんな時によくプリントを使用します。ただ、担任の仕事は大変忙しいので、プリントを宿題にしようと決めたものの、帰りの時間までに印刷できなかったり、印刷してあっても配り忘れたりすることもあります。

私が4年生を担任していた時にも、そんなことがよくありました。帰りの会の途中に、子どもたちから、

「先生、宿題にプリントが出ているけど、まだもらってないよ」

と言われて、慌てて印刷に行ったことは一度や二度ではありません。

そんなある日のことです。帰りの会が進んでいく中、何かおかしいなと感じました。あまりに淡々と進みすぎているのです。いつもなら「今日見つけたうれしいこと」などを発表する場面で「言いたい！」「まだ言いたい！」と手が挙がって、なかなか終わらないのですが、その日は発表もほとんどありません。特に元気印のA君の表情が気になりました。何となくみんなに目配せをしているような気がするのです。

「起立！　礼！　さようなら」

と司会が早口で挨拶するやいなや、全員、あっという間に帰っていってしまいました。あっけに取られるくらいの素早さです。いつもなら、おしゃべりしている子どもや何となく教室に残っている子どもがいて、一斉に帰ることはありません。

　子どもたちの様子をいぶかりながらも、誰もいなくなった教室でノートの点検を始めました。その時です。A君が何かうれしそうな顔をして教室に戻ってきました。

「何か、忘れ物でもしたの？」

と尋ねると、A君は、

「先生、何か帰りの会の雰囲気が変だと思わなかった？」

と言うのです。

「うん、確かに何か変だと思ったけど…」

「先生、プリント配るの忘れたでしょう？」

「あっ！」

　私は思わず叫びました。

「僕は気付いていたよ。だからみんなに、言うなよ、言うなよ、早く帰りの会終わらそうって言っていたのさ！」

「しまった…」

「もう、遅いよ。みんな帰ったからね」

そう言って、A君はぴゅーと出ていきました。

次の日の朝の会です。教室に入ると、子どもたちがうれしそうな顔をしています。

「宿題ですが…、先生が配り忘れたので、プリントは出さなくていいです」

しぶしぶ言っているような表情や声色で伝えると、「わぁ〜！」と歓声が上がりました。

子どもたちはだんだんと知恵を付けていくものです。それは成長の証しなので、喜ぶべきことなのです。

(2) ない！

4年の国語で「伝言をする」という内容の学習がありました。

「子どもが留守番中に、お父さんの友人から電話がかかってくる。お父さんとの待ち合わせの場所や時間に変更があるという内容を聞き取り、帰宅したお父さんに伝える」という内容です。携帯電話の普及した現代では、必要のない学習かもしれません。

友人　「もしもし、楠木と申しますが、○○さんのお宅ですか？　宏さんはいますか？」
子ども「父はいません。何かご用でしょうか？」
友人　「お父さんと○時に○○で会う約束をしたのですが、急用で行けなくなりました。○時に変えてほしいと伝えてください」
子ども「分かりました。○時ですね」
友人　「お願いします。では失礼します」
子ども「さようなら」
　しばらくして、お父さんが帰ってきます。
父　「ただいま。お父さんがいない間に何か連絡はなかったかな」
子ども「お父さん、お帰りなさい。今、○○さんから電話があって、～と伝えてください、と頼まれました」
父　「はい、分かりました。ありがとう」
　このようなやりとりを学習した後、
「学習した通りにきちんとできるかな。試してみよう」
と何人かを指名して、簡単なロールプレイを行いました。本来ならば、友人役と父役で大人が2人必要なのですが、私がちょっと声色を変えて、1人2役をしました。

たくさんの子どもたちから「やりたい」と挙手がありました。相手によって、時間や場所など、伝言の内容を変更します。子どもたちはよく話を聞きながら、私とのロールプレイを楽しみました。

そして最後に、私はB君を指名しようと思い付きました。B君は運動も学習も大変良くできます。頭の切れる子どもです。しかし、面倒くさがりというか、目立つのは嫌いというか、リーダーに立候補したり、授業中に挙手したりすることは、ほとんどありません。しかし、話はしっかり聞いています。

「次はB君！」

と指名すると、挙手していなかったB君は驚いた顔をしました。そうでしょう。みんなの前に1人だけという、彼が一番嫌うパターンです。

私　「もしもし、楠木と申しますが、○○さんのお宅ですか？　宏さんはいますか？」

B君　「父はいません。何かご用でしょうか？」

B君は嫌々ながらも、しっかりと答えました。さすがです。

私　「お父さんと約束して、1時に駅前で会う約束をしたのですが、急用で行けなくなりました。3時に変えてほしいと伝えてください」

B君「分かりました。3時ですね」

きちんと答えてはいますが、いかにもしぶしぶ言っている様子なので、他の子どもたちは、くすくすと笑っています。

私「お願いします。では失礼します」

B君「さようなら」

次は父役になり、話しかけます。

私(父)「ただいま。お父さんがいない間に何か連絡はなかったかな」

B君「ない!」

たった一言です。私はあっけにとられて、立ち尽くしてしまいました。教室は大爆笑に包まれています。しかし、このままでは、教師の沽券にかかわります。手をぐっと握って怒ったふりをして、B君に2、3歩近寄りましたが、黙ってそのまま教卓まで戻りました。

「次、行きます!」

子どもたちは、まだざわついています。私をやり込めたB君は、みんなの英雄です。

この一件では、2つの点でB君にやられてしまいました。1つ目は、私が演ずるお父さんは、連絡の有無について知っているはずがないという設定を逆手に取られたことです。

2つ目は、B君が「ない!」と言った時点で、私が「何をふざけているのだ! ちゃんとしなさい!」と怒るような教師なら、B君はこういう返事をしなかったということです。つまり、私の性格を知った上で、わざとやったのです。4年生にしてはなかなかです。

その日の放課後、教卓で仕事をしていた私のところに、C君がやってきました。B君とは仲良しで、元気印の男の子です。私に近寄り、こう言いました。

「先生、今日の国語面白かったなぁ。B君が『ない!』と言った時、どう思った?」

「B君には、やられたよ…」

「先生、怒るかと思った」

C君でもそう思ったのです。このことは、子どもたちによほど印象深かったのでしょう。6年生になってもまだ、「あれは面白かったなぁ」と、よく言われました。

COLUMN 4

楽しい授業に助けられる

楽しい授業をしていると、助かることがあります。

4月初めに新しく担任する3年生のクラス名簿を見ていたら、隣の席の先生が教えてくれました。この先生は、去年2年生の担任をしていました。

「あっ、先生はA子さんを担任するのですね。気を付けた方がいいですよ。お父さんは難しい方みたいですから」

「えっ！　そうなんですか」

「A子さんをとてもかわいがっているので、心配で何かあるとすぐ学校に来るんです。前の担任は困ったそうですよ」

正直ちょっと気を付けなければならないなと覚悟しました。

しかし、新しい学期が始まると、A子さんは明るく面白い子で、そんなことはすっかり忘れてしまっていました。

当時、その学校は、4月の終わりに授業参観とPTA総会がありました。5時間目の授業参観を終え、教室を出ようとした時に、廊下にいるA子さんとその横にいる男の人が目に入りました。噂に聞いたA子さんのお父さんです。がっちりとした体型、怖そうな目つき、確かに難しそうな人です。

知らん顔して通り過ぎようとした時、A子さんのお父さんと目が合いました。「しまった」と一瞬思いつつ、軽く会釈すると、こちらに近寄ってくるではありませんか。どうしようかと焦ったのですが、逃げるわけにはいきません。覚悟を決めて待っていると、私のすぐ目の前に立ちました。

すると、相好を崩して握手を求めてきたのです。おそるおそる手を差し伸べると、お父さんは私の手をぐっと握り、次のように言いました。

「先生、いつも娘がお世話になっています。子どもがいつも先生の授業は面白いと喜んでいます」

そして、次々に私の授業の内容を話すのです。算数の授業で使ったネタ、国語の授業で繰り出したダジャレ等々。よくそこまで知っているなと思うほど、次から次へとお父さん

の口から出てくるのです。私は不思議に思って、

「お父さん、すみません。どうしてそんなにご存じなのですか?」

と聞いてみました。すると、お父さんは次のように教えてくれました。

「いや、娘が夕食の時に『今日の先生コーナー』といって、先生の授業の様子を演じてくれるのです。毎日、みんなで楽しんでいます。今では、わが家の夕食時の楽しみの1つです。これからも楽しい授業をお願いしますよ」

私はうれしいよりも恥ずかしい気持ちで一杯でした。

それから1年間、そのお父さんからの苦情は1件もありませんでした。

おわりに

いきなり車の話で恐縮ですが、私が若い頃に乗っていた車は、今とはかなり違います。パワーはあまりなく、はるかに燃費の悪いエンジン。エアバッグや衝突回避の自動ブレーキなんて、もちろんありません。ウィンドウを開けるには、手回し式のハンドルをクルクル回します。ボタン式のパワーウィンドウは、ごく一部の高級車にしか付いていませんでした。しかし、時代とともに、各メーカーは新しい技術や装備を次々と取り入れ、競い合い、改良、改善を繰り返してきました。最近では、遠い未来のことだと思っていた自動運転さえ、現実味を帯びてきました。もし、昔の手回し式のドアハンドルが付いた新車が出たら、売れるでしょうか。売れるはずがありません。時代は進んでいるのです。

一方、私たち教師はどうでしょうか。若い教師は、新しい装備を搭載した車のごとく、新しい指導方法を学んだ上で教育現場に入ってきているのでしょうか。または、すぐに学べる環境にあるでしょうか。学校での指導方法のほとんどは、未だに昔のものを踏襲しています。教師という職業は、経験に頼ることが多いのは認めますが、時代は変わっているのに不思議なことです。産業界に比べて、教育界には方法や技術の積み重ねが驚くほど少ないのです。

中には、「いやいや、ＩＣＴや英語の新しい教育が入ってきている」と主張する方もいるでしょう。しかし、それらは望んで取り入れたというよりも、大多数の教師にとっては、まるで黒船（ＩＣＴや英語）がやってきたかのようなとらえ方ではありませんか。

若い教師は、いわば昔の車です。経験を経るにつれ、自らの手でエンジン（指導力）をパワーアップし、燃費（余暇のある暮らし・ワークライフバランス）を上げ、改良を繰り返していくのです。また、安全装置（保護者との衝突回避）を付けることのできる教師もいます。残念ながら、それに気付かない教師は古い車のままです。

若い先生方には、ぜひ勉強して新しい技術を身に付け、高性能な車になってほしいと思います。

私の若い時は勉強しようにも、書籍や研修会、研究発表会等々、とかくお金と時間がかかりました。今は、情報を仕入れたり、勉強したりする方法は、いくらでもあるでしょう。今の若い先生方を羨ましく思います。

今回は、拙著『指示は1回』を読まれた方から、「優しくて厳しいベテランの指導方法を教えてほしい」と言われ、思いつくままに書きました。それを短期間で見事に1冊の本にまとめ上げた編集部の上野様に感謝いたします。

平成29年2月　楠木　宏

【著者紹介】

楠木　宏　くすき・ひろし
三重県伊勢市立小俣小学校教頭。

1956年6月23日生まれ。三重大学教育学部卒業、三重大学大学院教育学専攻科修了。

三重県公立小学校7校を経て，現職。

三重大学教育学部非常勤講師。

教育研究三重県集会　理科部会助言者。

内田洋行教職員発明考案品　平成25年度，平成26年度奨励賞受賞。

著書に『指示は1回―聞く力を育てるシンプルな方法―』（東洋館出版社，2016）がある。


「追い込む」指導　―主体的な子どもを育てる方法―

2017（平成29）年3月13日　初版第1刷発行
2018（平成30）年2月3日　初版第2刷発行

著　　者：楠木　宏
発 行 者：錦織圭之介
発 行 所：株式会社　東洋館出版社
〒113-0021　東京都文京区本駒込5丁目16番7号
営業部　電話 03-3823-9206　FAX 03-3823-9208
編集部　電話 03-3823-9207　FAX 03-3823-9209
振替　00180-7-96823
URL　http://www.toyokan.co.jp
装　　丁：水戸部　功
本文デザイン：吉野　綾（藤原印刷株式会社）
イラスト：赤川ちかこ（イオック）
印刷・製本：藤原印刷株式会社

ISBN978-4-491-03338-9　Printed in Japan